CLAVE
y guía didáctica

NIVELES INTERMEDIO Y SUPERIOR

JESÚS FERNÁNDEZ
Universidad de Madrid

RAFAEL FENTE
Universidad de Granada

JOSÉ SILES
Universidad de Madrid

Curso intensivo de español

(EDICIÓN RENOVADA)

EJERCICIOS PRÁCTICOS

NIVELES INTERMEDIO Y SUPERIOR

CLAVE
y guía didáctica

SGEL

SOCIEDAD GENERAL ESPAÑOLA DE LIBRERÍA, S. A.

Primera edición, 1990 (edición renovada)
Segunda edición, 1991

Produce: SGEL - Educación
        Marqués de Valdeiglesias, 5. - 28004 MADRID

ISBN: 84-7143-418-0
Depósito Legal: M. 2-1991
Impreso en España - Printed in Spain

Cubierta: Erika Hernández

Compone e imprime: NUEVA IMPRENTA, S. A.
Encuaderna: E. EUROPA

contenido

Curso intensivo de español, ejercicios prácticos, niveles intermedio y **superior,** en su nueva versión, consta de 63 unidades didácticas divididas en dos ciclos. Al primero corresponden las primeras 36 y al segundo las 27 restantes. En primer lugar figura un **Índice por unidades didácticas** muy detallado, cuyo objetivo es facilitar y guiar la labor del profesor y del alumno en cuanto a la programación y elección de los ejercicios y unidades más adecuadas en cada caso. Al final hay otro, éste: **Índice alfabético de conceptos** —también muy pormenorizado— que, como su nombre indica, localiza rápida y fácilmente los conceptos gramaticales o léxicos. Cada unidad tiene su explicación teórica en **Curso intensivo de español: Gramática,** de referencia obligada a los tres libros de ejercicios de la serie.

Como sucede en los dos libros de ejercicios anteriores, las unidades se articulan en torno a dos o tres ejercicios nucleares que en éste, por tratarse de los niveles intermedio-alto y superior, centra su atención en problemas sintácticos, excluyendo —salvo en raras excepciones— los estrictamente morfológicos. El resto de los ejercicios de cada unidad se han ideado y planteado como material de apoyo para dar variedad al trabajo diario y evitar una excesiva y contraproducente repetición de un tema dado con la consiguiente saturación o aburrimiento. Se incluye sistemáticamente uno o más ejercicios de léxico y alguno estilístico o gramatical que complementen aspectos prácticos de la lengua española.

Hay que destacar, por consiguiente, que el principio que ha presidido la confección del libro es la *variedad* y el enfoque *pragmático* de la enseñanza y práctica del español. Una simple ojeada a los índices confirmará lo anteriormente dicho y el trabajo consciente con cada unidad demostrará que el material puede ser explotado y ampliado de modo que permita sobradamente cubrir una hora de clase y que, además, esa hora resulte útil y amena para el alumno.

Dados los niveles intermedio-alto y superior de este volumen, último de la serie por orden de dificultad, se ha procurado introducir en los ejemplos una gran variedad de registros del español actual; en particular coloquialismos y usos peculiares de la lengua hablada, sin restringir en ningún momento el número de vocablos significativos necesarios que presenten una muestra clara del español de nuestros días. Éste ha sido, sin duda, uno de los principales atracti-

3

vos del libro en sus ediciones anteriores y ahora no se ha regateado ningún esfuerzo para actualizar dicho aspecto de la lengua en la versión actual.

A pesar de la aparente dispersión, existe un concienzudo plan de revisión y de enfoque metodológico de nuevos aspectos gramaticales. El primer ciclo hace hincapié en el repaso de estructuras sintácticas a un nivel intermedio-alto ya presentadas en gran parte en el libro anterior de la serie, aunque con un planteamiento menos rígido y más creativo. En el segundo ciclo, por el contrario, se introducen ejercicios más novedosos, tanto en el fondo como en la forma, y predomina la presentación de matices estilísticos que presuponen un considerable dominio práctico de la lengua española a nivel superior. (Véanse a este respecto, entre muchos otros, los ejercicios que tratan casos difíciles del subjuntivo, formas no personales del verbo, verbos de cambio o devenir, posición del adjetivo, sustituciones de tiempos y modos, además de numerosos ejercicios léxicos de un nivel superior.)

Se ha procurado, en suma, presentar una muestra lo más rica y variada posible de la inabarcable realidad del idioma español actual, en su vertiente peninsular, y dejar abiertas, tanto a profesores como a estudiantes, una serie de sugerencias y posibilidades que permitan la apreciación plena de las enormes riquezas lingüísticas y culturales a las que da acceso una lengua tan difundida como la española.

OBJETIVOS

Como se ha explicado en las líneas precedentes, el libro constituye el estadio más avanzado de la serie y presupone, por tanto, un buen conocimiento gramatical de las estructuras básicas de nuestro idioma. De ahí que sea idóneo para:

a) Estudiantes extranjeros adultos que tengan un mínimo de dos o tres años de estudio, bien aprovechado, de español, o dos cursos intensivos en la línea que presentan los dos libros anteriores de la serie.

b) Estudiantes que necesitan refrescar y actualizar sus conocimientos prácticos, después de haber cursado varios años de enseñanzas regladas en sus respectivos países de origen.

c) Estudiantes universitarios, incluso a nivel graduado, que quieran realizar cursos monográficos sobre puntos conflictivos del español para extranjeros. La cantidad, variedad y exhaustividad de los ejercicios así lo permite.

d) Profesores que necesiten poner al día sus conocimientos teórico-prácticos en la versión peninsular del español, especialmente después de un prolongado período de falta de confrontación con la cambiante realidad de la lengua. Esto sucede con demasiada frecuencia a la mayoría de los profesores de lenguas extranjeras que, por infinidad de motivos, no pueden desplazarse con la frecuencia deseada al país o países cuya lengua enseñan y que, por tanto, necesitan actualizar y poner a prueba su grado de comprensión del dominio del idioma.

Los objetivos perseguidos en todos estos casos son, obviamente, el perfeccionamiento del poder comunicativo del estudiante y la ampliación de sus conocimientos en los registros más significativos del idioma español, lo que le proporcionará una mayor y más sólida confianza para enfrentarse sin inhibiciones con las múltiples variantes de la cultura y vida españolas: medios de comunicación social, experiencia diaria en la calle, literatura, vida académica, deportes y, en general, todas las situaciones comunicativas que dan razón de ser al entramado lingüístico que las representa y exterioriza.

SUGERENCIAS PARA LA UTILIZACIÓN DEL LIBRO

Es importante señalar que la estructura del libro, teniendo en cuenta la línea seguida por los dos libros de ejercicios anteriores de la serie, permite su utlización de dos maneras distintas:

a) Como un método

El profesor, especialmente a nivel universitario y en las llamadas en muchos países «clases de lengua» (bien sean cursos regulares o intensivos), puede utilizar las distintas unidades centrando su atención en los ejercicios nucleares de cada unidad para presentar a los alumnos los aspectos gramaticales que le interese practicar en cada momento. Para ello sugerimos los siguientes procedimientos:

1. El profesor debe previamente consultar el **Índice por unidades didácticas,** que le ofrece una visión completa y comprensible de todo el contenido del libro, así como el **Índice alfabético de conceptos,** que le permitirá localizar rápida y fácilmente cualquier concepto gramatical o léxico.
2. De acuerdo con las características y necesidades de la clase y de la progresión que se haya propuesto, el profesor puede comenzar la lección diaria con una explicación gramatical previa a la realización de los ejercicios por él elegidos, o bien haber referido al alumno con anterioridad a la **Gramática** de Curso intensivo, pensada esencialmente para este menester.
3. El profesor, en los casos en que sea conveniente y posible, no debe dudar en usar la lengua materna del estudiante para economizar tiempo y concretar la atención, sin fisuras ni distracciones, en los problemas gramaticales que interese enfatizar. Debe de evitar el excesivo uso de tecnicismos y farragosas explicaciones, sea cual sea el enfoque metodológico que utilice.
4. En cualquier caso, se sugiere un constante enfoque contrastivo entre la lengua nativa del estudiante y la que aprende, en este caso la española. La práctica continuada de poner de manifiesto las afinidades y diferencias entre dos lenguas, con mesura y sentido práctico de la enseñanza, viene dando excelentes resultados a todos los niveles de la enseñanza.

5. Para ello, no hay que olvidar que, según esta utilización del libro, no se da pie para emplearlo como instrumento en una clase de *conversación,* y que este importante aspecto del aprendizaje hay que lograrlo en otras clases y con otros procedimientos.

6. El profesor puede optar por intentar agotar un determinado punto gramatical, utilizando para ello todos los ejercicios sobre este tema que hay en los dos ciclos, llegando a realizar, si así lo decide, verdaderos cursos monográficos que ocupen todo un curso académico. Debe, sin embargo, ser consciente de que esa práctica conlleva el peligro de saturación o aburrimiento, sobre todo por parte de alumnos que no tengan un nivel muy avanzado o quieran especializarse en la lengua. Por ello se considera preferible, en esos casos, abordar los problemas parcialmente y presentar también los ejercicios de complementación de cada unidad, tales como modismos, ejercicios de léxico, etc., para dar mayor relajación y variedad a la clase.

b) Como libro de ejercicios

En esta segunda faceta de utilización, el profesor y el alumno pueden usar el libro de tres maneras:

1. Como *práctica* y *complemento* de aspectos teóricos ya explicados en clase y, por tanto, compatible con cualquier método que se esté utilizando. Para ello se sugiere el uso de las páginas dedicadas a «Apuntes de clase» que se incluyen en cada unidad.

   De acuerdo con las características de la clase, el profesor puede elegir entre realizar los ejercicios «in situ», después de fijar previamente qué ejercicios deben hacerse, o mandar a los alumnos que traigan escritas las soluciones (si el profesor va a dedicar tiempo a explicaciones teóricas en la clase).

   No es recomendable que los ejercicios se hagan sin una previa preparación mínima, puesto que, en muchos casos, crean frustración y pérdida de motivación en el estudiante, y éstos, sin duda, son los dos peligros más temibles en el proceso de aprendizaje de cualquier materia.

2. Para *profundizar* en cada uno de los temas que se estime oportuno. A estos efectos es importante recalcar que los ejercicios tienen un marcado *carácter abierto,* es decir, pueden alargarse a voluntad por parte del profesor, bien suministrando él mismo ejemplos similares a los que se presentan o haciendo que el estudiante construya sus propias frases siguiendo el esquema o esquemas estructurales en los que carece del deseable dominio. La mayoría de los ejemplos contenidos en los ejercicios son paradigmáticos y se prestan fácilmente a ser ampliados en clase.

3. Para *corregir* defectos y vicios acumulados por el alumno en sus experiencias previas en el aprendizaje del idioma español. Esto, naturalmen-

te, es una cuestión que cada profesor debe dilucidar en función de las características concretas de sus alumnos.

En estos tres supuestos es evidente que hay que hacer un uso selectivo de las unidades y ejercicios, y para facilitar esta labor se incluyen dos índices que constituyen un inventario gramatical muy detallado, de gran valor práctico, porque permiten un tremendo ahorro de tiempo y una visión global y pormenorizada tanto de las unidades didácticas como de cada uno de los ejercicios contenidos en **Curso intensivo de español,** niveles intermedio y **superior.**

Por último, creemos que la práctica de las sugerencias aquí apuntadas mejorará mucho el rendimiento que se saque del estudio teórico-práctico de este volumen y, lo que es más importante, permitirá al alumno traspasar la mera barrera lingüística para adentrarse en el conocimiento de nuestra peculiar forma de ver y enjuiciar la realidad extralingüística y nuestra cultura y modos de vida, objetivo que debe estar presente, como última meta, en cualquier tratamiento de un idioma extranjero.

Majadahonda (Madrid), junio de 1990.

clave
de ejercicios

PRIMER CICLO

UNIDAD 1

1. 1.—es, ha estado. 2.—es. 3.—es, es. 4.—son. 5.—estoy. 6.—es. 7.—son. 8.—estoy. 9.—son. 10.—es. 11.—son. 12.—está. 13.—fuimos. 14.—es, estamos. 15.—estoy. 16.—es, es (soy). 17.—es. 18.—somos. 19.—está. 20.—era. 21.—estamos. 22.—está, es. 23.—estar, está. 24.—es. 25.—es. 26.—está. 27.—estáte, estoy. 28.—es. 29.—soy. 30.—están. 31.—fueron. 32.—es, es. 33.—estáte, estoy. 34.—está. 35.—es.

2. 1.—son. 2.—es. 3.—es. 4.—estamos, estamos. 5.—somos, estamos. 6.—es. 7.—somos. 8.—son. 9.—está. 10.—está. 11.—estamos. 12.—está. 13.—estar. 14.—es. 15.—ha sido (es).

3. 1.—están. 2.—estamos. 3.—fue. 4.—está. 5.—están, es. 6.—es. 7.—está, está. 8.—es (será). 9.—seas. 10.—fue. 11.—es. 12.—estén.

4. 1.—lo está. 2.—lo somos. 3.—lo parece. 4.—lo estaba. 5.—lo eran. 6.—lo estaban. 7.—lo será. 8.—lo es. 9.—lo estoy.

5. 2.—lira. 3.—franco. 4.—marco. 5.—rublo. 6.—libra. 7.—escudo. 8.—florín. 9.—yen. 10.—peso. 11.—bolívar. 12.—dólar. 13.—corona. 14.—dracma. 15.—franco. 16.—franco.

UNIDAD 2

6. 1.—estoy. 2.—está. 3.—es. 4.—está. 5.—es. 6.—es. 7.—estoy. 8.—es. 9.—estás. 10.—es. 11.—está. 12.—está. 13.—es. 14.—está (esté). 15.—es. 16.—es. 17.—estoy. 18.—está. 19.—es. 20.—estoy. 21.—es. 22.—es. 23.—estás. 24.—estar. 25.—es. 26.—ser. 27.—es. 28.—estoy.

7. 1.—estamos. 2.—es. 3.—estoy. 4.—está. 5.—es. 6.—estoy. 7.—es. 8.—estás. 9.—estoy. 10.—estuvo. 11.—está, está. 12.—está. 13.—está. 14.—está. 15.—estuvo. 16.—está. 17.—está.

8. 1.—aceptar o rechazar socialmente a alguien o algo. 2.—ser una maravilla. 3.—estar informado. 4.—ser escéptico. 5.—despertar esperanzas especialmente atractivas. 6.—vulgar, no tener clase. 7.—estar de broma. 8.—no estar en guerra. 9.—tener la intención de. 10.—artificioso, amanerado. 11.—haber cambiado mucho. 12.—ser algo muy agradable de hacer. 13.—estar muy cansado. 14.—dar mala suerte. 15.—no enterarse de nada. 16.—gustar mucho lo dulce. 17.—ser muy barato. 18.—no querer participar. 19.—estar listo (dispuesto). 20.—ser vulgar y de mal gusto.

9. re-lla-no. es-la-bón. ins-pec-ción. tran-sis-tor. ex-u-be-ran-te. al-truis-mo. des-hon-ra. ve-hí-culo. ar-ti-cu-la-ción. tor-be-lli-no.

10. 1.—fingir que no se entiende alguna cosa. 2.—colocarse uno detrás de otro en una fila. 3.—una mentira muy evidente. 4.—tortilla hecha solamente con huevos batidos. 5.—beber muchísimo. 6.—hay peligro a la vista. 7.—plato frío compuesto de patatas, mayonesa, atún, aceitunas y verduras. 8.—persona que recibe el castigo correspondiente a algo que no ha hecho. 9.—tortilla hecha con patatas y huevos. 10.—hablar de una manera que no se entiende. 11.—Ejercicio para comentar en clase.

UNIDAD 3

12. 1.—haz, haced. 2.—ve, id. 3.—pon, poned. 4.—pide, pedir. 5.—conduce, conducid. 6.—abre, abrid. 7.—fríe, freíd. 8.—mira, mirad. 9.—ven, venid. 10.—traduce, traducid. 11.—juega, jugad. 12.—lee, leed. 13.—huye, huid. 14.—muérete, mori(r)os. 15.—rompe, romped. 16.—sé, sed. 17.—di, decid. 18.—sal, salid. 19.—vuelve, volved. 20.—oye, oíd. 21.—corrige, corregid. 22.—ríete, reí(r)os. 23.—escribe, escribid. 24.—estáte, está(r)os.

13. 1.—no te vayas. 2.—no te quejes. 3.—no os durmáis. 4.—No los abráis. 5.—no los compréis. 6.—no cerréis. 7.—no quieras. 8.—no subas. 9.—no lo digas. 10.—no lo escribáis. 11.—no lo leas. 12.—no sigáis. 13.—no lo cojas. 14.—no los entreguéis. 15.—no lo pienses. 16.—no vengas. 17.—no os calléis. 18.—no los esperéis. 19.—no le recibáis. 20.—no os toméis. 21.—no os vayáis.

14. 1.—siembra. 2.—vayamos (vamos). 3.—traiga. 4.—haced. 5.—que digan. 6.—tened. 7.—vuelve. 8.—huyáis. 9.—denme. 10.—mientas. 11.—que se vistan. 12.—cuélgalo. 13.—huelan. 14.—se. 15.—midamos. 16.—tiña.

15. 1.—qué. 2.—cuál. 3.—qué. 4.—cuál. 5.—qué. 6.—cuál. 7.—qué. 8.—qué. 9.—cuál. 10.—qué. 11.—cuál. 12.—qué. 13.—qué. 14.—cuál. 15.—qué. 16.—cuál. 17.—qué.

16. 1.—¿Qué le has podido decir? 2.—¿Qué hace fuera de casa? 3.—¿Qué ha dicho? 4.—¿Dónde le conocí? 5.—¿Era malo o bueno? 6.—¿Quería acompañarnos? 7.—¿Cuál prefería? 8.—¿Cuánto costaba? 9.—¿Quién había llegado? 10.—¿Cómo puedo hacerlo? 11.—¿Cuántas son dos y dos?

17. 1.—madura. 2.—estrecha. 3.—aburrido. 4.—ligera. 5.—húmedo. 6.—seca. 7.—vago (perezoso, holgazán). 8.—sanas. 9.—dócil (obediente, civilizado, educado).

18. 1.—coma. 2.—punto y coma. 3.—comillas. 4.—diéresis. 5.—signos de interrogación. 6.—signos de admiración. 7.—puntos suspensivos. 8.—paréntesis. 9.—guión (raya). 10.—punto seguido (aparte).

19. 1.—kilo. 2.—litros. 3.—metros. 4.—gramos. 5.—toneladas. 6.—docena. 7.—centímetros. 8.—cuarto quilo, gramos, medio kilo, litro.

UNIDAD 4

20. 1.—aprieto, apretamos. 2.—adquiero, adquirimos. 3.—quiero, queremos. 4.—conozco, conocemos. 5.—cuelgo, colgamos. 6.—oigo, oímos. 7.—concibo, concebimos. 8.—río, reímos. 9.—visto, vestimos. 10.—hiero, herimos. 11.—sé, sabemos. 12.—meriendo, merendamos. 13.—recuerdo, recordamos. 14.—juego, jugamos. 15.—tiemblo, temblamos. 16.—nazco, nacemos. 17.—miento, mentimos. 18.—vengo, venimos. 19.—traigo, traemos. 20.—pido, pedimos. 21.—gimo gemimos. 22.—repito, repetimos. 23.—me divierto, nos divertimos. 24.—digo, decimos. 25.—doy, damos. 26.—envejezco, envejecemos. 27.—muerdo, mordemos. 28.—puedo, podemos. 29.—agradezco, agradecemos. 30.—tengo, tenemos. 31.—salgo, salimos. 32.—huyo, huimos. 33.—sigo, seguimos. 34.—rindo, rendimos. 35.—siento sentimos. 36.—quepo, cabemos. 37.—hago, hacemos. 38.—voy, vamos. 39.—conduzco, conducimos.

21. 1.—veo. 2.—comienza. 3.—trabaja. 4.—llegan. 5.—digo. 6.—mueren.

22. 1.—Lleva cinco años fuera de España; está fuera de España desde hace cinco años. 2.—¿Cuánto tiempo lleva usted en Madrid?; ¿Desde cuándo está usted en Madrid? 3.—Hace dos días que no prueba bocado; no prueba bocado desde hace dos días. 4.—Lleva tres años estudiando francés; hace tres años que estudia francés. 5.—Hace una hora que te estoy espe-

13

rando; te estoy esperando desde hace una hora. 6.—hace tres meses que no le he vuelto a ver; llevo tres meses sin volver a verle.

23. 1.—nos faltan. 2.—me falta. 3.—le sobran. 4.—le va. 5.—os encanta. 6.—le caen. 7.—le desagradan. 8.—me gustan. 9.—les quedan. 10.—te fastidian. 11.—nos toca. 12.—le falta. 13.—le sienta. 14.—te sienta. 15.—le está. 16.—le apetece. 17.—le caemos. 18.—le gustáis. 19.—nos hace falta. 20.—no le gusto, me gusta.

24. 1.—estéril. 2.—fútil. 3.—revólver. 4.—trauma. 5.—Sánchez. 6.—crisis. 7.—súper. 8.—imbécil. 9.—huésped. 10.—vivís. 11.—hacéis. 12.—héroe. 13.—menú. 14.—alcohol. 15.—amabais. 16.—equívoco. 17.—verosímil. 18.—reloj. 19.—mástil. 20.—examen. 21.—casual. 22.—cántaro. 23.—recién. 24.—línea. 25.—amáis. 26.—regímenes. 27.—volvéis. 28.—sílaba. 29.—miércoles. 30.—silábico. 31.—espécimen. 32.—estándar. 33.—escribierais. 34.—calor. 35.—devolváis. 36.—área.

25. Ejercicio para comentar en clase.

26. Ejercicio para comentar en clase.

27. 1.—sereno. 2.—panadero. 3.—barrendero. 4.—fontanero. 5.—albañil. 6.—labrador (campesino). 7.—electricista. 8.—guardia de tráfico (urbano). 9.—pescador. 10.—pescadero. 11.—lavandera. 12.—costurera. 13.—asistenta. 14.—carnicero. 15.—lechero. 16.—camionero. 17.—bombero. 18.—deshollinador. 19.—anestesista. 20.—podólogo (callista).

UNIDAD 5

28. 1.—fue, fuisteis. 2.—tradujo, tradujisteis. 3.—hizo, hicisteis. 4.—despertó, despertasteis. 5.—soltó, soltasteis. 6.—recogió, recogisteis. 7.—condujo, condujisteis. 8.—se rió, os reísteis. 9.—se vistió, os vestisteis. 10.—se refirió, os referisteis. 11.—supuso, supusisteis. 12.—dijo, dijisteis. 13.—huyó, huisteis. 14.—anduvo, anduvisteis. 15.—tuvo, tuvisteis. 16.—hubo, hubisteis. 17.—se divirtió, os divertisteis. 18.—se sintió, os sentisteis. 19.—destruyó, destruisteis. 20.—rompió, rompisteis. 21.—vino, vinisteis. 22.—salió, salisteis. 23.—vio, visteis. 24.—durmió, dormisteis. 25.—volcó, volcasteis. 26.—fue, fuisteis. 27.—probó, probasteis. 28.—leyó, leísteis. 29.—construyó, construisteis. 30.—cayó, caísteis.

29. 1.—se durmió. 2.—se cayó, se rompió. 3.—supimos. 4.—trajeron. 5.—corrigieron. 6.—construyeron. 7.—oí, quise. 8.—conduje. 9.—se murió. 10.—cupo. 11.—se pusieron. 12.—tuvo. 13.—dijo. 14.—huyeron. 15.—traduje.

30. 1.—pasé. 2.—venía. 3.—había. 4.—creíamos. 5.—llegaste, tenías. 6.—comprendimos. 7.—era. 8.—recibieron. 9.—solía, se afeitaba. 10.—fuimos. 11.—queríais, interrumpí. 12.—fue, conocí. 13.—estuvo. 14.—íbamos, se nos estropeó.

31. 1.—hiciste. 2.—visitaban. 3.—tomamos. 4.—solía. 5.—fue. 6.—utilizaron. 7.—trabajé. 8.—lo tomamos. 9.—llegaba, llegué. 10.—estuvo. 11.—buscaba. 12.—pasabas, me aburría. 13.—recorrió. 14.—estuve. 15.—eran. 16.—recordaba. 17.—fumabais. 18.—tenía.

32. Formas correctas por orden de sucesión: era; se veía; desaparecía; estaba; se acercaba; se oyó; comenzaron; llevaba; metió; estuvo; era; respetaba.

33. 1.—no se cansa de hacer payasadas. 2.—me molesta ser tan ingenuo que otras personas se aprovechen de mí. 3.—no aparentes desconocer lo que ha sucedido. 4.—estoy cansadísimo. 5.—ya están acostumbradas al clima de este país. 6.—no le preste atención. 7.—hacer el tonto. 8.—fingir ser + adjetivo.

34. Ejercicio para comentar en clase.

UNIDAD 6

35. 1.—Cada vez que quería sacar buenas localidades, otras personas las habían sacado antes. 2.—Cuando Toni llegaba a casa su familia ya había cenado. 3.—Cada vez que le decía que la quería otros se lo habían dicho antes. 4.—Nosotras no hacíamos kárate, pero ellas últimamente habían hecho mucho. 5.—Sus hermanos estuvieron en Suecia, los míos habían estado en Marruecos. 6.—Yo desayuné pan con mantequilla, tú sólo habías desayunado cereal. 7.—Siempre que le invitaba alguien le había invitado antes. 8.—Cuando tú estabas a la mitad de trabajo, Carmina ya había terminado el suyo.

36. 1.—Estudiaría... 2.—Vivirá... 3.—Lo haría... 4.—Costará... 5.—Porque perdería el autobús (contestación posible)... 6.—La conocería... 7.—Se dedicaría... 8.—Pensará... 9.—Colaborará... 10.—Porque no sería muy eficiente (contestación posible)...

37. 1.—pensará... 2.—habrá... 3.—estará... 4.—habrá... 5.—habrá... 6.—saldrá... 7.—habrán... 8.—se creerán... 9.—habréis metido... 10.—acabará...

38. 1.—tendrá. 2.—nos iremos. 3.—será. 4.—hace. 5.—anochece. 6.—amanece. 7.—va. 8.—llegará. 9.—salen. 10.—sabrá. 11.—estará. 12.—es. 13.—prefiero. 14.—terminarán. 15.—es. 16.—darán. 17.—iré. 18.—tendrá.

39. 1.—sería. 2.—habrá. 3.—correríamos. 4.—estará. 5.—fumarían. 6.—le habrían visto. 7.—lo sabrá. 8.—habrán ganado. 9.—irá. 10.—habría recorrido.

40. 1.—No me moleste, fastidie. 2.—Han sonado doce campanadas. 3.—Presume de listo. 4.—Es igual, no importa. 5.—Se saludaron estrechándose la mano. 6.—Lo felicité. 7.—Voy a pasear un rato. 8.—Me has asustado mucho. 9.—Le recibió cordialmente. 10.—No encuentro la solución. 11.—Tienes que alimentarle. 12.—No acudiste a la cita. 13.—Me dio una vergüenza...

41. Ejercicio para comentar en clase. Búsquense las palabras en el diccionario.

UNIDAD 7

42. 1.—iremos. 2.—estará/habrá estado. 3.—darán. 4.—habremos terminado. 5.—será. 6.—será. 7.—habrá venido. 8.—pedirán. 9.—hablarás. 10.—estará. 11.—veremos. 12.—acabará. 13.—se habrán marchado. 14.—tendrá. 15.—habrá. 16.—habrás cenado.

43. 1.—habría solucionado. 2.—pagarían. 3.—estaríamos. 4.—harías. 5.—trataría. 6.—fastidiaría. 7.—habrían pasado. 8.—habría. 9.—sería. 10.—discutirían. 11.—serían. 12.—pondría. 13.—tendría. 14.—se casaría. 15.—solucionaría. 16.—habría/hubiera quedado.

44. 1.—Dije que cuando acabara la temporada de fútbol habría empezado el verano. 2.—Sabía que cuando pasaran cinco años habría escrito dos novelas más. 3.—Te aseguré que en cinco meses habríamos vendido todas las existencias. 4.—Nos garantizó que para el verano habríamos ganado más de un millón en la bolsa. 5.—Se comentó/comentaba que antes del año 2000 se habrían solucionado muchos de los problemas actuales. 6.—Creíamos que para cuando tú te casaras nosotros ya habríamos tenido un par de niños. 7.—Me figuraba que cuando tuviera treinta años tú habrías cumplido veinte. 8.—Para cuando tu amiga acabara derecho tú habrías hecho el "master".

45. 1.—Mi. 2.—Si. 3.—Él. 4.—Éste. 5.—Aquel. 6.—Esa. 7.—dónde. 8.—porque. 9.—sólo. 10.—mí. 11.—sí. 12.—él. 13.—esta. 14.—aquél, éste. 15.—ése, ése. 16.—donde. 17.—sola. 18.—cuál. 19.—Que. 20.—Qué. 21.—Aún. 22.—Como.

46. 1.—bu-har-di-lla. 2.—ma-chis-mo. 3.—des-qui-cia-mien-to. 4.—pa-ra-gua-yo. 5.—he-ma-to-ma. 6.—pa-ra-dig-ma.

47. 1.—con crema. 2.—guantes. 3.—aguja e hilo. 4.—cerillas/fósforos. 5.—con palillos. 6.—con cordones/lazos. 7.—con pincel. 8.—con raqueta. 9.—con insecticida (matamoscas). 10.—con una escalera. 11.—con un traje de baño (bañador). 12.—con un gato. 13.—con la batidora. 14.—con una cuerda. 15.—con una funda.

UNIDAD 8

48. Las sustituciones en estos casos son posibles, aunque cambia ligeramente el significado. 1.—estaba escribiendo. 2.—está estudiando. 3.—estábamos paseando. 4.—no. 5.—habrán estado divirtiendo. 6.—están gastando. 7.—estaban manteniendo. 8.—estoy comiendo. 9.—está trabajando. 10.—estoy diciendo. 11.—no. 12.—estás oyendo. 13.—no. 14.—está llorando. 15.—está dando. 16.—estarán haciendo, están durmiendo. 17.—no. 18.—estuvo nevando.

49. 1.—estuvo viviendo. 2.—está trabajando. 3.—estaremos volando. 4.—estuvimos intentando. 5.—está gestionando. 6.—estarás pensando. 7.—estuvo lloviendo. 8.—se está mirando. 9.—está recibiendo.

50. 1.—presentó. 2.—echó. 3.—hecho. 4.—tocar. 5.—cumple. 6.—dar. 7.—naufragó (se hundió, fue a pique). 8.—cortar. 9.—quitó. 10.—tomado. 11.—mudado (cambiado). 12.—estrelló.

51. 1.—perezoso (vago). 2.—única. 3.—soso. 4.—cobarde. 5.—generales. 6.—locuaz (hablador). 7.—apagado. 8.—atrasado. 9.—descuidado (abandonado). 10.—adecuada. 11.—áspero. 12.—claro.

52. 1.—pantalones cortos. 2.—aventura amorosa. 3.—servicios. 4.—descapotable. 5.—esfuerzo final 6.—explosión. 7.—entrevista. 8.—lema publicitario. 9.—estrés. 10.—esnob. 11.—oportunidad. 12.—existencias. 13.—hacer dedo. 14.—payaso. 15.—altavoz. 16.—desventaja. 17.—grupo empresarial.

UNIDAD 9

53. 1.—vaya, fuera. 2.—traduzca, tradujera. 3.—haga, hiciera. 4.—valga, valiera. 5.—suelte, soltara. 6.—recoja, recogiera. 7.—conduzca, condujera. 8.—se ría, se riera. 9.—se sienta, se sintiera. 10.—se refiera, se refiriera. 11.—quepa, cupiera. 12.—sintiera, sintiese. 13.—diga, dijera. 14.—huya, huyera. 15.—sueñe, soñara. 16.—aprenda, aprendiera. 17.—tenga, tuviera. 18.—haya, hubiera. 19.—regañe, regañara. 20.—se siente, se sentara. 21.—destruye, destruyera. 22.—rompa, rompiera. 23.—venga, viniera.

24.—salga, saliera. 25.—vea, viera. 26.—duerma, durmiera. 27.—vuelva, volviera. 28.—dibuje, dibujara. 29.—sea, fuera. 30.—pruebe, probara. 31.—lea, leyera. 32.—construya, construyera. 33.—vacíe, vaciara.

54. 1.—estuvieran, vivieran. 2.—se buscara. 3.—se presentaran. 4.—intervinieran. 5.—concedieran. 6.—haya. 7.—arrancaran. 8.—traiga. 9.—cambiara. 10.—me subiera. 11.—fueran. 12.—estuvieran. 13.—vinierais. 14.—apagara. 15.—apareciérais. 16.—usaran. 17.—obtuviera. 18.—haya subido.

55. 1.—está, pasa. 2.—tenga. 3.—es, tiene. 4.—resulte, dice. 5.—gano. 6.—están, es. 7.—me deje. 8.—va progresando, me satisface. 9.— tiene, consiento, sea. 10.—se solucione. 11.—se hayan. 12.—me estoy, va. 13.—me estiman. 14.—me trates. 15.—preocupemos. 16.—resulte. 17.—ganes. 18.—es, vale. 19.—estaba. 20.—sea/fuera.

56. Ejercicio para hacer en clase. Hay muchas posibilidades, pero todas ellas van en indicativo. Ej.: Ahora no recuerdo dónde vivías.

57. Ejercicio para comentar en clase.

58. Ejercicio para comentar en clase. Busque estas palabras en el diccionario.

UNIDAD 10

59. 1.—continuaran. 2.—olvidáramos. 3.—trabajaba. 4.—tomaba. 5.—ahorrara. 6.—se rebajen. 7.—comían (comieran). 8.—dieran. 9.—cumple, cumpla. 10.—tenía, tuviera. 11.—se fuera. 12.—puedo. 13.—nos interesaba. 14.—saliéramos.

60. Hay muchas posibilidades, las que van a continuación son orientativas. 1.—hayas venido. 2.—eras madre. 3.—venga. 4.—son felices. 5.—lo sé. 6.—haga eso. 7.—seas tan inocente. 8.—llegues a tiempo. 9.—lo sé. 10.—hoy no es mi día. 11.—lo conoces. 12.—vive. 13.—se haya enfadado. 14.—fume. 15.—era. 16.—lo hiciera (lo hacía) bien. 17.—los acompañara. 18.—me engañas. 19.—se levantara más temprano.

61. 1.—urbano. 2.—humana. 3.—femeninos. 4.—bogotanos. 5.—pueblerinas (rústicas). 6.—hogareña. 7.—navideñas. 8.—pueriles. 9.—fluvial. 10.—aéreo. 11.—vespertino. 12.—taurina. 13.—zoológico. 14.—estudiantil. 15.—agrícola. 16.—textil.

62. Ejercicio para comentar en clase.

63. 1.—pasado mañana. 2.—trimestre. 3.—semestre. 4.—década. 5.—quinquenio. 6.—bienio. 7.—quincena. 8.—anteayer. 9.—centenario. 10.—aniversario. 11.—sexagenario.

UNIDAD 11

64. 1.—se porte. 2.—se dieran. 3.—haya (hay), empiezan (empiecen). 4.—pasen. 5.—se te canse. 6.—lleguen, tenga. 7.—se quedó. 8.—nos escribas. 9.—te vea. 10.—portes. 11.—terminaba. 12.—me cabree, haga. 13.—me digas. 14.—sea.

65. 1.—estaba. 2.—llegara. 3.—llega. 4.—sea. 5.—sea. 6.—pidiera. 7.—regresó. 8.—es. 9.—sea. 10.—cuidara. 11.—lo intentaron. 12.—terminara. 13.—llevaba. 14.—molestara. 15.—iban. 16.—ofrezca.

66. 1.—terminaran. 2.—salió. 3.—siga. 4.—nos tiramos. 5.—pague. 6.—voy. 7.—estaban. 8.—paseaba. 9.—llegue. 10.—conocían. 11.—fuera. 12.—entraba.

67. Ejercicio para comentar en clase.

68. 1.—el vídeo. 2.—el bañador (traje de baño). 3.—el secador de pelo. 4.—el trastero. 5.—el sacacorchos. 6.—sombrero, gorro, gorra, boina. 7.—joyería. 8.—maquinilla, cuchilla, hoja.

UNIDAD 12

69. 1.—arrancara. 2.—sabes. 3.—iba. 4.—estamos. 5.—conociera. 6.—tiene. 7.—tuviera. 8.—acudiera. 9.—tenían.

70. 1.—terminara. 2.—compró. 3.—fumo. 4.—hubiera ido. 5.—comes. 6.—quería. 7.—celebras. 8.—aprobaron. 9.—estuviera. 10.—pudiera.

71. 1.—Si usted se está quieto... 2.—cuanto. 3.—cada vez que. 4.—Le dije que le ayudaría si lo necesitaba (cuando lo necesitara). 5.—de modo que (conque). 6.—apenas (nada más que, tan pronto como, etc.). 7.—Según (conforme). 8.—a medida que (conforme). 9.—si le regalas (con tal de que le regales)... 10.—¡Como no te abrigues...! 11.—Como (puesto que, ya que). 12.—La mancha de petróleo..., a menos que no la disuelvan (si no la disuelven). 13.—se han roto..., de ahí que cunda el optimismo en Europa. 14.—pero (aunque). 15.—estaban atados..., por eso no sucedió nada. 16.—Ya que (puesto que, dado que). 17.—si bebes... 18.—cuando vio...

72. 1.—Fingió que no lo había visto. 2.—Has acertado plenamente. 3.—Lo hemos hecho muy mal y nos planteará problemas. 4.—Muy sabrosa. 5.—Se lo prometí bajo juramento. 6.—Sería inconcebible. 7.—Tenía mucho contenido. 8.—No me importa nada. 9.—Cualquier pequeño problema le abruma. 10.—Ser nuevo o principiante en cualquier facultad o materia.

73. 1.—piel (pellejo). 2.—piel. 3.—corteza. 4.—yema. 5.—miga. 6.—cáscara. 7.—hueso. 8.—clara. 9.—pepita. 10.—espinas. 11.—hueso, pepita. 12.—corteza.

UNIDAD 13

74. 1.—haya. 2.—pueda. 3.—estén. 4.—llame. 5.—voy. 6.—vayas. 7.—murmuren (murmuran). 8.—reuniera. 9.—consumiera. 10.—esté. 11.—entienda. 12.—vaya. 13.—se publique (se publica). 14.—ganó. 15.—pueda. 16.—creía. 17.—hizo.

75. Ejercicio para comentar en clase.

76. 1.—deje (dejara). 2.—salga (saliera). 3.—pillara. 4.—sea. 5.—descanséis. 6.—aproveche. 7.—paséis. 8.—entere. 9.—se decida. 10.—haga. 11.—sepa. 12.—se soluciona. 13.—tendrá (tiene). 14.—se cree (se crea). 15.—recuerde.

77. 1.—heterogéneo. 2.—sosa. 3.—meridionales. 4.—poniente. 5.—morenos. 6.—romo. 7.—chato. 8.—opaco. 9.—permeable. 10.—despejado. 11.—oscura. 12.—corta. 13.—vacío. 14.—ronca. 15.—soltero.

78. 1.—Me has contagiado ... 2.—Dio un salto; saltó. 3.—Se suicidó disparándose. 4.—Se han quemado por estar demasiado tiempo al fuego. 5.—... dejas de poner inconvenientes, trabas.

UNIDAD 14

79. 1.—me haces, te estaré. 2.—pide, parezca. 3.—habló, tuviera. 4.—tendré, pase. 5.—haga. 6.—insista, quitarán (insistiera, quitarían). 7.—jugábamos. 8.—ocurriera. 9.—habían. 10.—haya, comunique. 11.—habían. 12.—sea (fuera), asegura. 13.—te hayas, le veas. 14.—buscara, llegara. 15.—queden, cambien. 16.—eran. 17.—se fastidie. 18.—suena.

80. 1.—esté. 2.—hiciera, bebiera. 3.—den. 4.—se marche. 5.—tengáis, mareéis. 6.—sea. 7.—le ayudarais. 8.—viera. 9.—haya visto. 10.—jugaras.

11.—disfruten, se sientan. 12.—hay. 13.—practica (practicara), aprendería. 14.—deje, llueva. 15.—sea. 16.—den.

81. Soluciones correctas: 1.—hubiera casado. 2.—habría sido, sería, fuera. 3.—habría sido, sería. 4.—hubiera conocido. 5.—hubiera tratado. 6.—hubiera hecho, habría hecho. 7.—hubiera dejado, habría dejado.

82. Ejercicio para comentar en clase.

83. 1.—garaje. 2.—tienda de comestibles (ultramarinos). 3.—taller mecánico. 4.—perfumería. 5.—pañería (sedería). 6.—mercería. 7.—carnicería. 8.—gestoría. 9.—ferretería. 10.—zapatería. 11.—peletería. 12.—cafetería. 13.—droguería. 14.—pescadería.

UNIDAD 15

84. 1.—Un industrial fue secuestrado por los terroristas. 2.—Una gran cantidad de árboles y matorrales fue destruida por el fuego. 3.—Ha sido castigado esta tarde por su padre porque traía malas notas. 4.—La noticia fue difundida rápidamente por los periodistas. 5.—Le fue proporcionado por la agencia un billete de avión a precio de coste. 6.—Ha sido ascendido por la dirección a jefe de negociado. 7.—Las nuevas propuestas del gobierno fueron estudiadas por el Congreso. 8.—Toda la región fue arrasada por el terremoto. 9.—Este cuadro ha sido comprado por un multimillonario. 10.—El naufragio fue contado por los mismos supervivientes con todo lujo de detalles. 11.—El pacto fue firmado por los ministros de la Comunidad Europea. 12.—El aviso fue entregado por un desconocido. 13.—El doblaje de la película ha sido hecho por actores de primera categoría. 14.—El contrato de obras de pavimentación fue concebido por el alcalde a una firma extranjera. 15.—Dos personas fueron atropelladas ayer por la mañana por un autobús.

85. 1.—El fuego ha destruido esta casa. 2.—Dicen que van a subir las naranjas otra vez. 3.—Suponían que acudiría a la cita. 4.—La policía ha capturado al estafador. 5.—Esperaban una gran afluencia de público. 6.—Cuentan que ha hecho un desfalco de más de un millón de pesetas. 7.—Unos vecinos adoptaron al niño. 8.—Agradecemos lo que haces por nosotros. 9.—El parlamento no había aprobado la ley aún. 10.—Regaron las calles a primera hora de la mañana.

86. 1.—fue resuelto - se resolvió. 2.—se apagaron. 3.—fue leído. 4.—se arregló - fue arreglada. 5.—se riegan. 6.—fue presentado. 7.—fueron recogidas. 8.—se venden. 9.—se saca. 10.—se instauró - fue instaurada.

87. Ejercicio para comentar en clase.

88. 1.—presume de inteligencia. 2.—arreglé dos cosas (asuntos) en una misma oportunidad. 3.—no acertamos ni una. 4.—sin ninguna antelación. 5.—no des rodeos innecesarios, enfréntate directamente con el problema. 6.—solucionará su problema solo porque tiene mucha experiencia. 7.—está siempre dispuesto a divertirse. 8.—me entristecí mucho. 9.—cada persona a lo suyo, a lo que más le agrada.

89. Ejercicio para comentar en clase.

UNIDAD 16

90. 1.—parecer. 2.—el comer. 3.—un gran pesar. 4.—el amanecer. 5.—ese cantar. 6.—ser. 7.—el haber. 8.—el deber. 9.—sacrificar. 10.—el beber. 11.—dormir. 12.—vivir. 13.—revisar. 14.—montar a caballo y nadar. 15.—leer. 16.—cazar y pescar.

91. 1.—confuso (confundido). 2.—despierto. 3.—freído (frito). 4.—impreso (imprimido). 5.—muerto. 6.—vuelto. 7.—puesto. 8.—resueltos. 9.—roto. 10.—atendido. 11.—hecho. 12.—visto. 13.—aprobado. 14.—incluso (incluida). 15.—afeitado. 16.—cubierta.

92. 1.—abierta. 2.—fritas. 3.—expreso. 4.—habido. 5.—escrita. 6.—electo, elegido. 7.—dicho. 8.—dormido, despierto. 9.—caídos. 10.—maldito. 11.—impresa. 12.—satisfecho. 13.—resuelto. 14.—nato.

93. 1.—de ... 2.—de ... 3.—a ... 4.—de ... 5.—a ... 6.—de ... 7.—en ... 8.—de ... 9.—de ... 10.—de ... 11.—en ... 12.—por ... 13.—de ... 14.—en ... 15.—de ... 16.—a ... 17.—a ... 18.—en ...

94. 1.—búlgaro. 2.—iraquí. 3.—iraní. 4.—argentino. 5.—canario. 6.—belga. 7.—escocés. 8.—castellano. 9.—extremeño. 10.—malagueño. 11.—checoslovaco. 12.—tunecino. 13.—árabe. 14.—tejano. 15.—balear. 16.—finlandés. 17.—flamenco. 18.—catalán. 19.—sevillano. 20.—rumano. 21.—argelino. 22.—saharaui. 23.—colombiano. 24.—veneciano. 25.—bilbaíno. 26.—peruano.

UNIDAD 17

95. 1.—trabajando. 2.—haciendo. 3.—habiendo. 4.—paseando. 5.—corriendo. 6.—sabiendo. 7.—habiendo. 8.—enseñando.

96. 1.—meterse a hablar. 2.—íbamos haciendo. 3.—volvía a dirigirle. 4.—se pusieron a trabajar. 5.—llegamos a ver. 6.—llegó a repartir. 7.—llego a enterarme. 8.—rompió a hablar. 9.—hinchar de (a) ver. 10.—me lié a comprar. 11.—acababa de escribirle. 12.—acaban de satisfacerme. 13.—tenéis que comprender. 14.—has de ser. 15.—hay que arreglar. 16.—deben apoyar. 17.—deben de saberlo. 18.—da por enseñar. 19.—dejo de reconocer. 20.—quedó en ir. 21.—lleva sin tener.

97. 1.—vayan pasando. 2.—vayamos andando. 3.—vengo pensando. 4.—sigue deliberando. 5.—anda contando. 6.—llevabas estudiando. 7.—saldrás perdiendo. 8.—va aprobando. 9.—vais mejorando. 10.—llevamos esperándole. 11.—se quedó bailando. 12.—se quedó leyendo. 13.—acaba enfadándose. 14.—andan escribiendo. 15.—viene cobrando.

98. 1.—va atrasada. 2.—van construidos. 3.—van transcurridos. 4.—va hecho. 5.—anda metida. 6.—sigue estropeada. 7.—llevo hecho. 8.—llevaban recorridos. 9.—llevar pintada. 10.—lleva hecho. 11.—tiene prohibido. 12.—tenga escritas. 13.—trae preocupada. 14.—quedaron agotadas. 15.—le dieron por muerto. 16.—damos por sentado. 17.—me doy por satisfecho.

99. 1.—bilingüe. 2.—artesano. 3.—negociante (hombre de negocios). 4.—político. 5.—semanario. 6.—centena. 7.—decena. 8.—coetáneos. 9.—gemelos (mellizos). 10.—veraneante. 11.—misántropo. 12.—melómano. 13.—maniático. 14.—ático. 15.—editor. 16.—desaprensivo. 17.—adulto.

UNIDAD 18

100. 1.—se hizo. 2.—se está haciendo (se ha hecho). 3.—se ha hecho. 4.—se ha hecho. 5.—se ha hecho. 6.—se ha hecho. 7.—se puso (se ha puesto). 8.—se puso. 9.—se pone. 10.—se pusieron (se han puesto). 11.—se puso (se ha puesto).

101. 1.—se volvió (se ha vuelto). 2.—se volvieron (se han vuelto). 3.—se volvió. 4.—se ha vuelto. 5.—se convirtió. 6.—se convirtió (se ha convertido). 7.—convirtió. 8.—se ha vuelto.

102. 1.—llegó a ser. 2.—llegará a ser (llegó, ha llegado, etc.). 3.—ha llegado a ser (llegó a ser). 4.—se quedó (se ha quedado). 5.—me he quedado (me quedé). 6.—se ha quedado (se quedó). 7.—se quedó.

103. 1.—mezclarse. 2.—me aburrí (aburriré, etc.). 3.—se rompió. 4.—nos perdimos. 5.—me canso. 6.—se animó. 7.—se marea. 8.—se interesa. 9.—se emborracha. 10.—se enfrió. 11.—se enganchan.

104. 1.—alargar. 2.—blanquear. 3.—ordenar. 4.—adelgazar. 5.—retroceder. 6.—acortar. 7.—engordar. 8.—fortalecer. 9.—entristecerse. 10.—envejecer. 11.—rejuvenecer. 12.—alegrarse. 13.—enfurecerse. 14.—iluminar (encender, alumbrar).

105. 1.—No tienes buen aspecto físico. 2.—Se me olvidó por completo. 3.— Esto tiene que suceder fatalmente. 4.—Vive muy lejos. 5.—Huyó con gran rapidez. 6.—Han formado una opinión a priori sobre mí y no hay quien pueda cambiarla. 7.—Es un hombre muy bueno que puede ser manejado por cualquiera. 8.—En el extranjero. 9.—¿Quién le ha invitado a participar aquí? 10.—Siempre tiene razón y es lo que hay que hacer. 11.—Nunca me ha gustado. 12.—No se arregla todo inmediatamente.

106. Ejercicio para comentar en clase.

UNIDAD 19

107. 1.—les. 2.—te. 3.—me. 4.—le. 5.—le. 6.—les. 7.—les. 8.—nos. 9.—les. 10.—le.

108. 1.—te. 2.—contigo. 3.—conmigo. 4.—ti. 5.—consigo. 6.—mi. 7.—contigo, mí. 8.—ti, mí. 9.—ti. 10.—mí. 11.—consigo (con ella).

109. 1.—le va. 2.—nos sienta. 3.—os hago falta. 4.—te sobra. 5.—le apetece. 6.—le gustas. 7.—me queda. 8.—le faltan. 9.—le gustas. 10.—les encanta. 11.—te queda. 12.—te queda. 13.—le cabrean. 14.—le fastidie. 15.—me fastidia. 16.—nos hace. 17.—le quedan. 18.—te gusta, te va. 19.—le falta. 20.—les sentó. 21.—me cayó. 22.—le caes.

110. Ejercicio para comentar en clase.

111. 1.—estación de policía. 2.—sede de las autoridades municipales. 3.—clínica de urgencia. 4.—institución bancaria. 5.—compañía nacional de teléfonos. 6.—institución estatal para la distribución de la correspondencia. 7.—máximo órgano de justicia en España. 8.—edificio en que se halla la oficina o secretaría de cada departamento ministerial. 9.—servicio militar obligatorio. 10.—sitio donde se juzga. 11.—cámara legislativa española. 12.—compañía de ferrocarriles. 13.—oficina pública establecida normalmente en las fronteras donde se cobran derechos por importaciones. 14.—tesoro público. 15.—oficina particular que tramita documentos de todo tipo. 16.—negocio dedicado al traslado de muebles. 17.—dependencia de la estación donde se puede dejar el equipaje. 18.—institución estatal dedicada a la salud pública. 19.—empresa encargada de proveer cajas, coches fúnebres, etc. 20.—oficina donde el secretario despacha los negocios.

UNIDAD 20

112. 1.—Nos lo comprará. 2.—Se la hemos comprado ... 3.—Se los ... 4.—Os lo ... 5.—Se lo ... 6.—Te lo ... 7.—Se los ... 8.—Nos las ...

113. 1.—las saqué ... 2.—se lo entregué ... 3.—La hemos oído. 4.—los cargué ... 5.—las tienen que comer. 6.—cuélguelo. 7.—Tu mujer te la va a comprar. 8.—Se lo explicó. 9.—Se la escribí ... 10.—No te las pongas. ... 11.—La hemos comentado ... 12.—Hay que hacerlo. 13.—Los consideraré. 14.—Habrá que decírselo. 15.—Se los distribuyó.

114. 1.—No te necesito ... 2.—Dámela ... 3.—Se lo quiero ... 4.—Se la estaba ... 5.—Le tuvieron ... 6.—Piénselo. 7.—Nos lo estaba ocultando todo el tiempo y nosotros sin saberlo. 8.—... nos viene ... 9.—Vámonos. 10.—Me lo está ...

115. 1.—Sí (no) se lo he ... 2.—Sí (no) me lo he ... 3.—Sí (no) las hemos ... 4.—Sí (no) la he ... 5.—Sí (no) lo hemos ... 6.—Sí (no) lo hemos ... 7.—Sí (no) te la dimos. 8.—Sí (no) lo mandé.

116. 1.—Sí (no) lo tienen. 2.—Sí (no) los hay. 3.—Sí (no) lo es. 4.—Sí (no) lo está. 5.—Sí (no) lo es. 6.—Sí (no) la tengo. 7.—Sí (no) la hay. 8.—Sí (no) lo tengo. 9.—Sí (no) lo estaba. 10.—Sí (no) lo hay. 11.—Sí (no) lo había.

117. 1.—le-lo. 2.—les-los. 3.—le. 4.—les. 5.—les. 6.—le-lo. 7.—les-los. 8.—le-lo. 9.—le. 10.—le-lo.

118. 1.—Forma posible: *la*. Forma correcta: *le*. 2.—Forma correcta: *las*. 3.—Forma posible: *la*. Forma correcta: *le*. 4.—Forma correcta: *las*. 5.—Forma posible: *las*. Forma correcta: *les*. 6.—Forma correcta: *la*.

119. 1.—has causado una mala impresión a la gente. 2.—está muy bien. 3.—me ha asegurado que me va a mandar ... 4.—hacer el ridículo. 5.—¿por qué nos decidimos? 6.—tengo una cita con él (o ella). 7.—¿nos vemos ...? 8.—te estás retrasando. 9.—se está burlando de ti.

UNIDAD 21

120. 1.—la. 2.—lo. 3.—lo. 4.—lo. 5.—la. 6.—lo. 7.—los. 8.—lo. 9.—las. 10.—lo.

121. 1.—El vendaje se lo ...; al enfermo le han ... 2.—se la ...; le ... 3.—La lancha se la ...; a nuestros vecinos les ... 4.—Esa raqueta australiana me la ...; a mí me han ... 5.—Los detalles se los ...; a mi secretaria le ... 6.—La cuenta del gas no se la han ...; a ningún inquilino le han ...

122. 1.—..., (se). 2.—se. 3.—(se). 4.—(se). 5.—se. 6.—se, se. 7.—(se). 8.—se. 9.—..., se. 10.—se. 11.—(se). 12.—..., se. 13.—se. 14.—se. 15.—se. 16.—se. 17.—se. 18.—se. 19.—se. 20.—se. 21.—se. 22.—se. 23.—se. 24.—se. 25.—se. 26.—se. 27.—se. 28.—se.

123. 1.—Manifestaron su descontento dando patadas en el suelo. 2.—El público estaba muy atento. 3.—Esta calle lateral ... 4.—Cuando no se viven los problemas directamente, nos afectan menos. 5.—Siempre consigue su propósito, porque es muy diplomático y sabe atacar los problemas de la manera más conveniente para él. 6.—No pude dormir absolutamente nada.

124. 1.—cuñado. 2.—sobrino. 3.—suegro. 4.—yerno. 5.—tía. 6.—primo. 7.—abuela. 8.—bisabuela. 9.—nuera. 10.—cuñado. 11.—viudo. 12.—padrastro. 13.—hijastro. 14.—madrastra. 15.—padrino. 16.—madrina. 17.—ahijado.

UNIDAD 22

125. 1.—estos, éste. 2.—éste. 3.—éstas. 4.—éstos, esta. 5.—esta, estos. 6.—este. 7.—esto. 8.—eso. 9.—esa. 10.—ésos. 11.—esos. 12.—ese. 13.—aquella. 14.—aquellas. 15.—aquello. 16.—aquéllos. 17.—aquellas.

126. Formas correctas por orden de sucesión: 1.—esta. 2.—ese, aquel. 3.—esa. 4.—ese. 5.—este. 6.—estas. 7.—esa. 8.—aquella. 9.—ese, aquel. 10.—esta, esa. 11.—estos, esos. 12.—esta.

127. 1.—Le resulta fácil tomar notas en las clases. 2.—Relación graduada de calificaciones satisfactorias en el sistema docente español. 3.—Beca = ayuda económica que permite a un alumno realizar o hacer estudios de cualquier índole. 4.—Empollón = alusión despectiva que se da al alumno que basa su éxito en el estudio y memorización más que en la utilización de su inteligencia. 5.—Examinarse. 6.—Leerá los nombres de los estudiantes. 7.—No sé absolutamente nada. 8.—Papelito con fórmulas u otros apuntes que se lleva oculto para usarlo disimuladamente en los exámenes.

128. 1.—San Sebastián. 2.—Cataluña. 3.—Argelia. 4.—Cádiz. 5.—Valladolid. 6.—Ávila. 7.—Málaga. 8.—País Vasco. 9.—Ecuador. 10.—Costa Rica. 11.—Vietnam. 12.—Líbano. 13.—Rumania. 14.—Suiza. 15.—Libia. 16.—Dinamarca.

129. Ejercicio para comentar en clase. Consulte el diccionario.

UNIDAD 23

130. 1.ª persona singular: 1.—mi. 2.—mío. 3.—mías. 4.—mía. 2.ª persona singular: 1.—tu. 2.—tuyo. 3.—tus. 4.—tus. 3.ª persona singular: 1.—su. 2.—sus. 3.—suyo. 4.—suyos. 1.ª persona plural: 1.—nuestras. 2.—nuestro. 3.—nuestra. 4.—nuestro. 2.ª persona plural: 1.—vuestros. 2.—vuestro. 3.—vuestro. 4.—vuestras. 3.ª persona plural: 1.—sus. 2.—su. 3.—suyo. 4.—suyas. Usted, ustedes: 1.—su, su. 2.—su. 3.—suyo. 4.—suyos.

131. 1.—su. 2.—tu. 3.—nuestros. 4.—vuestras. 5.—tuya. 6.—sus. 7.—suyas.

132. 1.—la de; la de. 2.—los de; los de. 3.—los de. 4.—los de. 5.—el de. 6.—el de. 7.—los de. 8.—las de. 9.—los de. 10.—la de.

133. 1.—funcionario público que distribuye la correspondencia. 2.—sitio para dejar una prenda de vestir en un sitio público. 3.—guardia de tráfico. 4.—guarda rural que lleva uniforme y tricornio. 5.—policía vestido de marrón destacado en las ciudades. 6.—guardia del Ayuntamiento vestido de azul marino. 7.—tarjeta que mediante pago permite el uso de los transportes públicos en una ciudad española. 8.—certificado donde consta la fecha de nacimiento de una persona. 9.—certificado donde consta la fecha de bautismo. 10.—documento donde consta el estado de salud de una persona. 11.—tarjeta de identificación ciudadana. 12.—permiso para llevar un automóvil. 13.—el que profesa el servicio de las armas. 14.—persona que desempeña un empleo público de carácter vitalicio.

UNIDAD 24

134. 1.—el. 2.—los. 3.—lo. 4.—la. 5.—los. 6.—la. 7.—los. 8.—la. 9.—la. 10.—las. 11.—la.

135. 1.—quien (el que, el cual). 2.—que. 3.—quien (el que). 4.—que. 5.—quien (al que). 6.—cuyo. 7.—las que. 8.—que (la que, la cual). 9.—que. 10.—cuyas. 11.—quien (el que). 12.—que. 13.—que (la que, la cual), que (cual). 14.—que.

136. 1.—lo que. 2.—lo que. 3.—quien. 4.—quien (el que). 5.—que. 6.—que. 7.—que. 8.—que. 9.—que. 10.—que. 11.—que. 12.—la que. 13.—quien (el que). 14.—que. 15.—que.

137. 1.—Los que (quienes). 2.—El que (quien). 3.—Cuando. 4.—Donde. 5.—Lo que (cuanto). 6.—Quien (el que). 7.—Lo que. 8.—Quien (la que). 9.—Como. 10.—Como (según). 11.—Lo que. 12.—Donde.

138. 1.—descansar. 2.—separar. 3.—olvidar. 4.—levantarse. 5.—desnudarse. 6.—montarse (subirse). 7.—callar. 8.—ignorar. 9.—despeinarse. 10.—quitar. 11.—inspirar. 12.—entregar (dar). 13.—disminuir. 14.—anochecer (oscurecer). 15.—pararse. 16.—ayunar. 17.—desatar. 18.—destruir. 19.—aburrirse. 20.—ir. 21.—desalojar. 22.—ensuciar. 23.—desaparecer. 24.—desmontar. 25.—deshabitar. 26.—incluir. 27.—sacar. 28.—desabrochar. 29.—entrar. 30.—secar.

139. Ejercicio para comentar en clase. Consulte el diccionario.

UNIDAD 25

140. 1.—ciento veinte. 2.—cien. 3.—mil. 4.—tres mil. 5.—cuarenta y cinco; primero. 6.—tercer. 7.—uno. 8.—mil novecientos ochenta. 9.—veinte; diecinueve. 10.—mil cuatrocientos noventa y dos. 11.—veinte (vigésimo). 12.—ciento tres. 13.—mil novecientos treinta y seis; mil novecientos treinta y nueve. 14.—treinta y uno. 15.—mil. 16.—doce mil quinientas. 17.—siete mil. 18.—siete millones; mil novecientos setenta; treinta millones. 19.—mil. 20.—cuarenta grados. 21.—cien mil; un cuarto. 22.—mil novecientos ochenta y uno; mil novecientos ochenta y nueve.

141. primero; segundo; tercero; cuarto; quinto; sexto; séptimo; octavo; noveno; décimo; undécimo; duodécimo; decimotercero; decimocuarto; decimoquinto; vigésimo; vigésimo tercero; vigésimo quinto; vigésimo noveno.

142. 1.—uno. 2.—dos. 3.—tres. 4.—cuatro. 5.—cinco. 6.—diecinueve. 7.—noventa. 8.—mil doscientos quince. 9.—cincuenta y siete. 10.—mil cuatrocientos veinticinco.

143. 1.—cinco mas siete son doce. 2.—treinta menos cinco son veinticinco. 3.—cinco por tres son quince. 4.—veinticuatro dividido por (entre) seis son cuatro.

144. 1.—Nos visita con mucha frecuencia. 2.—Esto es evidente. 3.—No cambia de opinión a pesar de todo lo que se le dice. 4.—No voy a tener más remedio que llamarle la atención exponiéndole todas sus faltas. 5.—Apenas había gente. 6.—Es muy superior a ti. 7.—No hay razón para buscar más dificultades de las que ya hay. 8.—No me importa nada. 9.—Al tercer intento se conseguirá lo que se pretende. 10.—Los más pobres y humildes serán los primeros. 11.—O bien están borrachos o fingen estarlo.

145. Ejercicio para comentar en clase.

UNIDAD 26

146. 1.—primeros. 2.—cualquiera. 3.—ninguna. 4.—tercera. 5.—primera. 6.—cualquier. 7.—tercer. 8.—un (algún). 9.—primera. 10.—algún. 11.—ningún. 12.—cualquiera. 13.—cualquiera. 14.—cualquiera. 15.—ambos. 16.—tales. 17.—ambos. 18.—tales. 19.—sendas.

147. 1.—bien. 2.—bien. 3.—mucha. 4.—bien, mucho. 5.—buena. 6.—muy bien (bueno). 7.—bien (bueno). 8.—mucho. 9.—muy bien, mucho. 10.—mucho.

148. 1.—de. 2.—de. 3.—a. 4.—a. 5.—a. 6.—a. 7.—a. 8.—a. 9.—a. 10.—de. 11.—de. 12.—a. 13.—en. 14.—en.

149. 1.—amargas (ácidas). 2.—salada. 3.—abierta. 4.—árida. 5.—atrevido. 6.—generoso (espléndido). 7.—falsas. 8.—humilde (sencillo). 9.—sosa.

150. Ejercicio para comentar en clase.

151. Parking - aparcamiento. Chequeo - reconocimiento médico. Record - marca. Night club - sala de fiestas. Round - asalto. Stop - parada (alto). Match - pelea. Marketing - estudio de mercados. Shock - trauma. Ring - cuadrilátero. Reportero - periodista.

UNIDAD 27

152. 1.—vaca. 2.—presidente-a. 3.—nuera. 4.—yegua. 5.—reina. 6.—joven. 7.—dependienta. 8.—intérprete. 9.—cantante. 10.—mar. 11.—tía. 12.—modista. 13.—actriz. 14.—princesa. 15.—imbécil. 16.—estudiante. 17.—testigo. 18.—suegra. 19.—oveja. 20.—azúcar. 21.—madrina. 22.—tigresa. 23.—alcaldesa. 24.—pianista. 25.—hembra. 26.—madre. 27.—mártir. 28.—homicida. 29.—conferenciante. 30.—cuñada.

153. 1.—catedrática. 2.—poetisa. 3.—bailarina. 4.—emperatriz. 5.—la juez (jueza). 6.—sacerdotisa. 7.—secretaria. 8.—la amante. 9.—sirvienta. 10.—

médica. 11.—locutora. 12.—profesora. 13.—mula. 14.—marquesa. 15.—
abogada. 16.—telefonista. 17.—periodista. 18.—adolescente. 19.—depor-
tista. 20.—candidata.

154. 1.—la. 2.—el. 3.—el. 4.—el. 5.—el. 6.—el, la (el). 7.—la. 8.—el. 9.—la.
10.—el. 11.—el. 12.—el. 13.—el. 14.—el. 15.—la. 16.—la. 17.—la. 18.—el.
19.—la. 20.—la. 21.—el. 22.—la. 23.—el. 24.—el. 25.—el. 26.—el. 27.—el.
28.—la. 29.—la. 30.—la. 31.—el. 32.—el. 33.—la. 34.—el. 35.—las. 36.—
las. 37.—la. 38.—el. 39.—la. 40.—el. 41.—la. 42.—la. 43.—el. 44.—el.
45.—el. 46.—la. 47.—la. 48.—el. 49.—el. 50.—el. 51.—el.

155. Ejercicio para comentar en clase.

156. Ejercicio para comentar en clase. Consulte el diccionario.

UNIDAD 28

157. 1.—los lunes. 2.—los lápices. 3.—los caracteres. 4.—las crisis. 5.—los an-
daluces. 6.—los cálices. 7.—los rubíes. 8.—las hachas. 9.—los jabalíes.
10.—las aguas. 11.—las águilas. 12.—los viernes. 13.—los regímenes.
14.—las voces. 15.—las cruces. 16.—las tesis.

158. Las que admiten el singular son las siguientes: gemelo; pantalón; nariz;
calcetín; pulmón; oreja; boda; funeral; postre; helado; equipaje.

159. Ejercicio para comentar en clase. Consulte el diccionario.

160. Las que admiten el plural son las siguientes: 2.—calores. 3.—temblores.
5.—clubs(es). 9.—razones. 11.—puñetazos. 15.—ciervos.

161. 1.—Se han divertido mucho. 2.—Quieres ser más listo de lo que debes.
3.—Filete muy asado o muy frito. 4.—No te favorece. 5.—... está situada ...
6.—... pero llegarán en cualquier momento. 7.—No me interesa nada.
8.—Vas a tener un grave disgusto. 9.—Romper el límite establecido.
10.—Se equivocó (cometió un error) y tuvo que pagar por él.

162. Ejercicio para comentar en clase. Consulte el diccionario.

UNIDAD 29

163. 1.—el. 2.—..., ..., la. 3.—el, ... 4.—la, el. 5.—la. 6.—la. 7.—el, el. 8.—la.
9.—la, el. 10.—... 11.—el, la. 12.—el, las. 13.—el, ... 14.—la. 15.—...
16.—el. 17.—el. 18.—el. 19.—las, las.

164. 1.—... (un). 2.—un. 3.—..., un. 4.—... 5.—..., ... 6.—..., ... 7.—... 8.—...
9.—... 10.—un. 11.—una. 12.—un. 13.—un. 14.—... 15.—... 16.—... 17.—
una. 18.—un. 19.—un. 20.—un. 21.—unos. 22.—... 23.—...

165. 1.—... 2.—... 3.—el. 4.—... 5.—el, un. 6.—la, la, los, los. 7.—... 8.—un.
9.—un. 10.—un. 11.—un, ... 12.—... 13.—... 14.—las, un. 15.—los.

166. Ejercicio para comentar en clase.

167. Ejercicio para comentar en clase. Consulte el diccionario.

UNIDAD 30

168. 1.—las. 2.—la. 3.—el. 4.—la. 5.—el. 6.—el. 7.—el. 8.—los.

169. 1.—el. 2.—... 3.—los, ... 4.—la, al. 5.—... 6.—el, el. 7.—... 8.—la. 9.—...
10.—..., ... 11.—el. 12.—el, un. 13.—la, el. 14.—el.

170. 1.—lo. 2.—lo. 3.—el. 4.—el. 5.—el, lo, el. 6.—lo, lo. 7.—lo, lo. 8.—el, el.
9.—el. 10.—el. 11.—el. 12.—lo. 13.—el. 14.—lo. 15.—lo. 16.—el. 17.—lo.
18.—el.

171. 1.—en. 2.—con. 3.—con. 4.—con. 5.—a. 6.—de. 7.—con. 8.—de. 9.—de.
10.—de.

172. 1.—No está en mi ruta o camino habitual. 2.—Es muy franco; dice siempre lo que piensa, aunque esto sea desagradable para los demás. 3.—Tiene
mucha experiencia de la vida. 4.—Tiene muy mala suerte. 5.—Con mucha
rapidez. 6.—El resultado fue muy favorable.

173. 1.—muchacha, chica, empleada de hogar (eufemismo). 2.—obrero. 3.—
aula. 4.—americana. 5.—barco. 6.—diario. 7.—pintura. 8.—muchacho,
joven. 9.—danza. 10.—policía. 11.—suéter. 12.—vidrio. 13.—broma.
14.—lecho.

UNIDAD 31

174. 1.—tan; como. 2.—tan; como. 3.—tanta; como (más; que). 4.—tantos;
como (más, menos que). 5.—tanto; como (más, menos que). 6.—tanto;
como. 7.—tan; como (más, menos que). 8.—menos; que. 9.—menos; que
(más, que). 10.—tan; que. 11.—tan; que. 12.—tanto. 13.—tanto; que.
14.—tan; que.

175. 1.—buen samaritano. 2.—gran aventura. 3.—tanto dinero. 4.—tan estúpido. 5.—mal hombre. 6.—San Valentín. 7.—Santo Tomás. 8.—buena pieza. 9.—mala hora. 10.—buena época. 11.—malas compañías. 12.—Santo Domingo. 13.—tanto. 14.—grandes ideales.

176. 1.—pésima. 2.—óptima. 3.—elocuentísimos. 4.—máximo. 5.—mayor, mínimo. 6.—celebérrimo. 7.—fortísimo. 8.—nobilísimo. 9.—antiquísimo. 10.—blanquísimo. 11.—novísimo. 12.—sapientísimas.

177. 1.—mínimo. 2.—óptimo. 3.—mayor. 4.—menor. 5.—máximo. 6.—superior. 7.—inferior. 8.—ínfima, óptima. 9.—supremo, máximo. 10.—mayor, inferiores.

178. 1.—limpiar. 2.—destapar. 3.—barrer. 4.—adornar. 5.—mentir. 6.—acostarse. 7.—desnudarse. 8.—cepillar. 9.—divertirse. 10.—enfermar. 11.—mejorar. 12.—empeorar. 13.—valorar. 14.—devaluar. 15.—mecanografiar. 16.—golpear.

179. Ejercicio para comentar en clase. Consulte el diccionario.

UNIDAD 32

180. 1.—buen lío; buena faena. 2.—triste empleado; historia triste. 3.—pobre doña Juana; parientes pobres. 4.—mal negocio; malos instintos. 5.—maldito dinero; casa maldita.

181. Ejercicio para comentar en clase. Hay muchas posibilidades según los adjetivos vayan delante o detrás del sustantivo.

182. 1.—... pantalones vaqueros azules. 2.—... triste y melancólica lluvia otoñal. 3.—Los temidos movimientos terroristas clandestinos ... 4.—... la flota mercante española. 5.—El difícil y complejo problema aritmético ... 6.—El rico vino riojano ... 7.—... fuertes corrientes eléctricas. 8.—... un oscuro traje clerical.

183. 1.—... remoto y misterioso castillo escocés. 2.—... las agudas y nevadas cumbres de la sierra. 3.—El docto e ilustre conferenciante ... 4.—... un tono elegante y sofisticado. 5.—... largas y monótonas horas. 6.—... con su bella y distinguida esposa. 7.—... por los sórdidos garitos madrileños. 8.—... dos espléndidos caballos árabes. 9.—... sus valiosos cuadros impresionistas. 10.—... su enérgica actuación envolvente ...

184. Formas válidas por orden de sucesión: grandes ciudades; continuo desplazamiento; centro tradicional; centro geográfico; entorno social; centro tra-

dicional; numerosos pájaros; vistosas macetas; viejas pensiones; destarta-
ladas tiendas; zona azul; modernos supermercados; bares americanos;
librerías progres; sofisticadas discotecas.

185. 1.—No te burlas de mí. 2.—El tiempo es muy malo. 3.—Has cometido un
error. 4.—Lo he oído decir. 5.—Sentí verdaderos deseos de comérmelo.
6.—Lo explicó con todo lujo de detalles. 7.—No comprender el significado de lo que alguien dice. 8.—Ignorar a alguien evitando su compañía.

186. 1.—autorretrato. 2.—autostop. 3.—autodidacta. 4.—autógrafos. 5.—auto-
pista. 6.—autocar. 7.—autoservicio. 8.—autoescuela. 9.—autocrítica. 10.—
autobombo.

UNIDAD 33

187. 1.—por. 2.—para. 3.—por. 4.—por. 5.—para (por). 6.—por. 7.—por.
8.—por. 9.—para. 10.—para. 11.—por. 12.—por. 13.—por. 14.—por.
15.—por. 16.—por. 17.—por. 18.—para. 19.—por. 20.—por. 21.—por.
22.—por. 23.—por. 24.—por. 25.—por. 26.—por. 27.—por. 28.—para.
29.—para. 30.—por. 31.—por.

188. 1.—para. 2.—por. 3.—por. 4.—por. 5.—por. 6.—por. 7.—por. 8.—por.
9.—para. 10.—por. 11.—para. 12.—por. 13.—por (para). 14.—por. 15.—
por. 16.—por. 17.—por. 18.—para. 19.—para. 20.—para. 21.—por. 22.—
para. 23.—para. 24.—para. 25.—por. 26.—por.

189. Éstas son las posibles equivalencias a estas expresiones: 1.—actualmente.
2.—finalmente. 3.—a propósito. 4.—finalmente. 5.—por el momento. 6.—
afortunadamente. 7.—al menos. 8.—para siempre. 9.—casi. 10.—aunque.
11.—aproximadamente. 12.—desgraciadamente. 13.—según parece (al parecer). 14.—generalmente. 15.—al menos. 16.—hasta ahora. 17.—desgraciadamente. 18.—aproximadamente. 19.—a menudo. 20.—en el caso de
que. 21.—aunque. 22.—naturalmente (claro que).

190. 1.—dar. 2.—pruebes. 3.—hacer(te). 4.—expuso. 5.—estrena. 6.—des;
puesto 7.—hecho.

191. 1.—Es muy pesada, aburrida. 2.—Notas que el alumno lleva ocultamente
con intención de consultarlas en un examen. 3.—La tesis de licenciatura.
4.—Examen para un puesto al que se presentan varios candidatos. 5.—
Residencia de estudiantes universitarios. 6.—Derechos de inscripción en
un curso o asignatura. 7.—Hacer un curso = estudiar una asignatura a lo
largo de un año.

UNIDAD 34

192. 1.—a. 2.—... (a). 3.—a. 4.—a. 5.—... 6.—... 7.—a. 8.—... 9.—a; a. 10.—... (a).

193. 1.—... 2.—a. 3.—a. 4.—a. 5.—a. 6.—a. 7.—a. 8.—... (a). 9.—... 10.—a. 11.—... 12.—a. 13.—a. 14.—a. 15.—a.

194. 1.—en; a. 2.—a. 3.—en. 4.—a. 5.—en; a. 6.—a. 7.—a. 8.—en. 9.—a. 10.—en. 11.—a. 12.—en; en. 13.—a. 14.—en. 15.—a; en. 16.—en. 17.—a. 18.—en. 19.—a. 20.—en. 21.—a. 22.—a. 23.—en; a. 24.—en.

195. Ejercicio para comentar en clase.

196. 1.—Oponerse a algo sistemáticamente. 2.—Saber con exactitud los detalles de cualquier suceso o situación. 3.—Permitir que alguien decida por nosotros. 4.—Estar en buenas (malas) relaciones con alguien. 5.—Superar en edad a alguien. 6.—Estar por delante de alguien en algo. 7.—Estar a cargo de la dirección y responsabilidad de un hogar. 8.—Residir (vivir) en o fuera de un lugar. 9.—Tener posibilidades de ganar o perder.

197. 1.—bolsa. 2.—caja. 3.—ramo. 4.—vaso. 5.—par. 6.—ración (tapa). 7.—paquete. 8.—disquettes. 9.—cubo. 10.—tarjeta.

UNIDAD 35

198. 1.—desde. 2.—de. 3.—de. 4.—de. 5.—desde. 6.—de (desde). 7.—de. 8.—de. 9.—desde (de). 10.—desde. 11.—desde. 12.—desde. 13.—de. 14.—de. 15.—de. 16.—de. 17.—de (desde). 18.—desde. 19.—desde. 20.—desde.

199. Ejercicio para comentar en clase.

200. 1.—de. 2.—de. 3.—de. 4.—de. 5.—para. 6.—de. 7.—a. 8.—a. 9.—de. 10.—para.

201. 1.—reprender (afearle la conducta) a alguien por no haber correspondido en algo. 2.—emplearse (ocuparse) en algo cuyo propósito es oculto o misterioso. 3.—enfurecerse. 4.—realizar algo que nos agrada en forma exagerada. 5.—decidir la suerte arrojando una moneda al aire. 6.—despedir a alguien de su empleo o trabajo. 7.—sobrepasarse, excederse en algún momento o situación. 8.—no contrariar, contradecir a alguien para evitar males mayores.

202. Ejercicio para comentar en clase. Consulte el diccionario.

UNIDAD 36

203. 1.—con. 2.—a. 3.—en. 4.—de. 5.—en. 6.—de. 7.—de. 8.—en. 9.—a. 10.—con. 11.—en. 12.—de. 13.—de. 14.—con. 15.—de. 16.—en. 17.—a. 18.—de. 19.—en. 20.—de. 21.—durante. 22.—durante.

204. 1.—ante. 2.—delante de. 3.—antes de. 4.—delante de. 5.—ante. 6.—antes de. 7.—delante de. 8.—ante.

205. 1.—a. 2.—para. 3.—para. 4.—sin. 5.—contra, con. 6.—con. 7.—con. 8.—sin. 9.—contra. 10.—contra. 11.—a. 12.—contra. 13.—a (hacia). 14.—hacia (a). 15.—sin. 16.—con.

206. Ejercicio para comentar en clase.

207. 1.—Me prestó ... 2.—Le alquilé (le presté) ... 3.—Permitan pasar. 4.—He abandonado ... 5.—No me han permitido ... 6.—Aparcó (estacionó) ... 7.—Salimos de ... 8.—Pongan ... 9.—Saliendo de la carretera de la derecha. 10.—He olvidado ...

208. 1.—ladra. 2.—maúlla. 3.—aúlla. 4.—relincha. 5.—muge. 6.—rebuzna. 7.—bala. 8.—trina (canta). 9.—ruge. 10.—cacarea. 11.—gruñe. 12.—canta.

SEGUNDO CICLO

UNIDAD 37

209. 1.—estoy. 2.—es. 3.—estoy. 4.—es. 5.—es. 6.—es. 7.—estáte. 8.—es. 9.—estoy. 10.—es. 11.—es. 12.—es. 13.—está. 14.—ser. 15.—estás. 16.—era. 17.—estás. 18.—está. 19.—está. 20.—es. 21.—era. 22.—es. 23.—está. 24.—es (está). 25.—estoy.

210. 1.—estás. 2.—es. 3.—es. 4.—era (es). 5.—fue. 6.—estoy. 7.—están. 8.—está; es. 9.—está. 10.—es; está. 11.—estoy. 12.—era. 13.—es; está. 14.—está. 15.—es; estar. 16.—es; son. 17.—están. 18.—está. 19.—son.

211. 1.—estás. 2.—es. 3.—está. 4.—estamos. 5.—es; están. 6.—están. 7.—somos. 8.—está. 9.—es. 10.—estás. 11.—es. 12.—está. 13.—está. 14.—estás. 15.—estoy. 16.—está. 17.—está. 18.—estoy. 19.—es. 20.—seas; es. 21.—es. 22.—es. 23.—es. 24.—está; es.

212. Ejercicio para comentar en clase. Consulte el diccionario.

UNIDAD 38

213. 1.—estaba. 2.—es. 3.—estoy. 4.—es. 5.—estaba. 6.—es. 7.—están. 8.—fue. 9.—están. 10.—fue.

214. 1.—estoy. 2.—está. 3.—es. 4.—está. 5.—era. 6.—está. 7.—es. 8.—está. 9.—está. 10.—es. 11.—eres. 12.—es. 13.—es. 14.—está. 15.—está. 16.—es. 17.—es. 18.—estás. 19.—está. 20.—es.

215. 1.—había (hubo); fue. 2.—es. 3.—hay; está. 4.—están. 5.—hay; es. 6.—están. 7.—somos. 8.—hay. 9.—hubo. 10.—es.

216. 1.—Procuren terminar sus ejercicios rápidamente. 2.—Es imposible saber ... 3.—... no siempre acaban bien ... 4.—¿Cómo está usted? 5.—... claro que no; en absoluto. 6.—¡Muévanse! ... 7.—Va=ahora mismo estoy con usted. 8.—¡Déjame en paz! ¡No me molestes!

217. 1.—coloquialismo para bocadillo. 2.—ser liberal y de ideas progresistas. 3.—algo que nos encanta realizar o hacer. 4.—vida nocturna en las grandes ciudades españolas. 5.—serial televisivo. 6.—prenda de vestir que resguarda del frío. 7.—superación de una marca o récord deportivo. 8.—persona que triunfa en la vida. 9.—establecer una relación amorosa de manera informal. 10.—retrete, aseos, servicios, etc. 11.—coloquialismo para trabajar. 12.—liberalización en materia sexual en espectáculos, revistas, etc., que surgió en España después de la dictadura franquista. 13.—persona que no cree ni participa en la política. 14.—persona con éxito, que triunfa. 15.—no manifestar a las claras sus intenciones amorosas. 16.—calco semántico del deporte anglosajón «hand ball». 17.— (pluma) chaquetón liviano confeccionado con plumas de ave que protege del frío. 18.—procedimiento de parar coches para que nos trasladen a alguna parte. 19.—persona que considera al hombre superior a la mujer. 20.—Irónicamente persona de edad madura. 21.—traducción de la palabra inglesa «overdose» referida al mundo de la droga. 22.—persona sin éxito en la vida de acuerdo con la ética capitalista.

UNIDAD 39

218. Se dan algunas posibilidades a título de ejemplo, aunque existen muchísimas más: 1.—¿Quiere usted andar más deprisa? 2.—Camarero, me da una coca-cola. 3.—Haz el favor de llamarme ... 4.—Haga el favor de escuchar ... 5.—¿Quieres abrocharte ...? 6.—¡A ver si ponen cuidado! 7.—Por favor, váyanse colocando ... 8.—Ya me están diciendo ... 9.—¿Quieres pasar ...? 10.—¿Por qué no te limpias ...? 11.—Ustedes piensan ... 12.— Hay que entregar ...

219. 1.—Sal. 2.—¡Que me deje en paz! 3.—¡Páseme ...! 4.—¡Vamos (vámonos)! 5.—¡Trabajen! 6.—¡Daos (daros) prisa! 7.—¡Sírvame ...! 8.—¡Avíseme ...! 9.—¡Tráigame ...! 10.—¡Cállese! 11.—¡Vete ...! 12.—¡Que se quede ...! 13.—¡Dígame ...! 14.—¡Lávate! 15.—¡Atacad (atacar)! 16.—¡Pásate ... y dale ...

220. 1.—Salían juntos desde ... 2.—Van a abusar de nuestra paciencia hasta ... (que) cuando ... 3.—Llamaban por teléfono cada ... 4.—El mundo se compone de cinco continentes. 5.—Gastaban (gastarían) como ... 6.—El arroz se prepara de muchas maneras. 7.—Nos conocíamos desde el año 1965 (desde hacía cinco años). 8.—Va a durar hasta las siete (hasta que termine). 9.—Lo hago cada dos días. 10.—Llegaron caminando hasta el río. 11.—Hablábamos de ti. 12.—Los espero para el lunes. 13.—Lo vendo a mil pesetas. 14.—Viste de etiqueta.

221. 1.—¿Hasta cuándo te quedaste allí? 2.—¿Desde cuándo salían juntos? 3.—¿Como cuánto gastan (gastáis; gastamos) al mes. 4.—¿Hasta dónde llegaron nadando? 5.—¿Hasta cuándo lo aguantaremos? 6.—¿De qué hablablan? 7.—¿Cada cuánto iban (ibais; íbamos) a visitarles? 8.—¿Desde cuándo no fumáis (fuman, fumamos)? 9.—¿Desde cuándo tiene ese coche? 10.—¿Para cuándo estarán de vuelta? 11.—¿De cuántas maneras se prepara el pescado? 12.—¿Hasta dónde los acompañaron?

222. 1.—ahumar. 2.—atajar. 3.—calentar. 4.—empapelar. 5.—sonar. 6.—sistematizar. 7.—soñar. 8.—corregir. 9.—telefonear. 10.—rayar. 11.—fructificar. 12.—informar. 13.—encuadrar. 14.—rodar. 15.—cristalizar. 16.—realizar. 17.—edificar. 18.—resumir. 19.—acentuar. 20.—alinear.

223. 1.—A mí nadie me obliga a aceptar una mentira. 2.—No es momento de celebraciones. 3.—Ayer Paco organizó un lío (follón) impresionante. 4.— Refrán que presenta la doble conducta de una persona. Por un lado invocando a Dios y por otro contrariando su doctrina. 5.—¡Que Dios se apiade de nosotros! 6.—Suscribir todas las oportunidades incluso las más negativas. 7.—Iba vestido de acuerdo con las normas de buena educación, sin llamar la atención. 8.—Tuvo que mover todas sus influencias y amistades. 9.—¿Por qué razón dices ahora esas cosas? 10.—A mi juicio es demasiado ingenua.

UNIDAD 40

224. 1.—Preguntó que dónde era la exposición de sellos. 2.—Reconoció que era un poco tarde. 3.—Sabía que salías todas las noches a jugar al bingo. 4.—Comentó que fumaba demasiado. 5.—Dijo que había que hacer las cosas bien. 6.—Explicó que este reloj funcionaba con pilas. 7.—decidí que hoy me quedaba en casa. 8.—Creyeron que trabajabas en un hipermercado. 9.—Oyó que el verano iba a ser muy seco.

225. 1.—antes tenías ... 2.—vivían. 3.—ayer estuvo lloviendo ... 4.—aquella noche comimos ... 5.—la semana pasada me fui ... 6.—el año pasado le subieron ... 7.—desayunaba. 8.—anduve viajando. 9.—estaban. 10.—acababa de tropezarme. 11.—llevaban arreglando ... 12.—hasta entonces tenía ...

226. 1.—era. 2.—fueron. 3.—eran. 4.—fue. 5.—eran. 6.—eran. 7.—era.

227. 1.—tenía. 2.—caía. 3.—daba. 4.—llevaba. 5.—estaba. 6.—solía. 7.—recordaba. 8.—tuvo. 9.—dio. 10.—sufrió. 11.—se hicieron. 12.—se casaron. 13.—se le murió. 14.—se arrastraban. 15.—perdió. 16.—caracterizaban. 17.—era. 18.—vio.

228. Ejercicio para comentar en clase.

UNIDAD 41

229. 1.—habían sido (fueron). 2.—habían dado (dieron). 3.—había sido (fue). 4.—había pintado. 5.—habían ganado. 6.—habían tenido (tuvieron). 7.—habíamos comido. 8.—había cometido. 9.—habían estado. 10.—habían vendido. 11.—había visto. 12.—había discutido. 13.—había estallado. 14.—habían llegado.

230. 1.—avisaban. 2.—se mudaría. 3.—llegaba. 4.—declararía. 5.—terminaban. 6.—se casaban. 7.—revisarían. 8.—admitía. 9.—se metería. 10.—produciría.

231. Formas válidas por orden de sucesión: reunían; jugaban; hacía; llegó; preguntaron; contó; habían robado; dijo; había comunicado; había prometido; era.

232. 1.—No le podemos permitir que intervenga en la conversación. 2.—Aprenda de una vez para siempre ... 3.—... cometiendo errores de tacto, etcétera. 4.—No me apresures. 5.—No asustes al niño. 6.—Tiene dominada ... 7.—... disciplinarlo.

233. 1.—otoñal. 2.—norteño (nórdico). 3.—terrestre (terrenal, terreno). 4.—demoníaco (demoniaco). 5.—invernal. 6.—policíaco (policiaco). 7.—valeroso (valioso). 8.—satírico. 9.—burlón (burlesco). 10.—simpático. 11.—garantizado. 12.—fino. 13.—elocuente. 14.—personal. 15.—teórico. 16.—eficaz.

UNIDAD 42

234. 1.—A´la mamá le ilusiona que el niño cante. 2.—Comprendí que ellos se enfadaran. 3.—Sus compañeros se quejaron de que la echaran del empleo. 4.—Todo el mundo sabe que nadie es infalible. 5.—Se dieron cuenta de que aquellas personas eran poco fiables. 6.—Veo que esa chica está chiflada. 7.—Su familia no cree que ella sea un genio. 8.—Él ni sospechaba que le querían con toda el alma. 9.—A ella le pareció bien que nadie la felicitara. 10.—Juana en seguida que llega a casa se acuesta. 11.—Nos dieron las notas después de que hicimos el examen. 12.—Antes de que el técnico arreglara el televisor, tú no hiciste (habrías hecho) nada. 13.—Mientras como, leo el periódico. 14.—Chus aprende mientras practica el alemán (porque practica). 15.—Engordamos porque comemos mucho. 16.—Nosotras ganamos dinero mientras que (adversativa) ellos lo gastan. 17.—Escriben un libro que trata de política. 18.—Alquilamos un piso que era baratísimo. 19.—Pasaron las Navidades esquiando que es un deporte magnífico. 20.—Ellos entenderán lo que digas.

235. 1.—valga. 2.—riéramos. 3.—oigas. 4.—tuviera. 5.—haya. 6.—luzcas. 7.—trajeras. 8.—envejezcas. 9.—sepamos. 10.—cuezas. 11.—fregara. 12.—conozcas. 13.—deshaga. 14.—produzcas. 15.—produjera. 16.—lloviera. 17.—le quepa. 18.—se durmiera. 19.—las destruyéramos. 20.—es (caso especial).

236. 1.—saber. 2.—verle. 3.—haber estado. 4.—ser. 5.—utilizar. 6.—coger. 7.—hacer. 8.—en caso de no estar el pescado fresco, compra carne. 9.—llegar. 10.—con tal de ser buena la calidad, no te importe el precio. 11.—limpiar. 12.—pagar. 13.—les hizo subir ... 14.—aparcar.

237. Las frases que siguen solamente son indicativas. 1.—Hay que pensar en informatizar el aparato del Estado para ahorrar tiempo y dinero. 2.—Luisa es forofa del Real Madrid. 3.—El consumismo es consustancial al mundo capitalista. 4.—Todas las sociedades en mayor o menor grado son sexistas. 5.—El mundo occidental está en manos de los tecnócratas. 6.—La compañía Dupont es una multinacional. 7.—Voy a comprar el nuevo elepé de Tina Turner. 8.—Antes de irme quiero chequear todas las cuentas. 9.—Ésa es una compañía de vuelos chárter. 10.—¡Vaya despiste! Has entregado una moneda de quinientas pesetas confundiéndola con un duro. 11.—En las sociedades machistas abunda el acoso sexual. 12.—El subdesarrollo es el origen de los males del tercer mundo. 13.—El destape fue un fenómeno sociológico del postfranquismo. 14.—Hoy no puedo salir, no tengo pasta (dinero).

UNIDAD 43

238. Las frases que siguen son simplemente indicativas. 1.—Mientras se cuide, no le sucederá nada. 2.—Mientras como no hablo. 3.—A medida que ganaban dinero, lo gastaban. 4.—Estaba enfermo, de ahí que no fuera a la fiesta. 5.—Yo te ayudo a ti, siempre que tú me ayudes a mí cuando lo necesite. 6.—Tenían mucho sueño, así que se acostaron en seguida. 7.—Por triste que esté, se le pasará. 8.—La profesora lo explicó de modo que lo entendieran los alumnos. 9.—No lo haré, así me maten. 10.—¡Como llegues tarde, te quedas sin cenar! 11.—La película era pésima, de modo que apagué el televisor. 12.—Siempre que bebo en exceso me hace daño. 13.—Como hace mal tiempo me quedaré en casa. 14.—Te lo consiento todo menos que me llames ladrón. 15.—No me encontraba bien, tenía dolor de cabeza y escalofríos, total que me tomé una aspirina y me metí en la cama. 16.—A no ser que tú se lo digas, ella no se enterará. 17.—Si no puedes asistir al acto, llámame. 18.—Desilusiónalo cuanto antes, no sea que se enamore de ti.

239. 1.—... que esté anclado en la rada. Subordinada de relativo, antecedente específico. 2.—Creo que se trata de una fragata. Subordinada sustantiva personal, constatación. 3.—... la que ha conducido hasta aquí ... Subordinada de relativo, antecedente específico. 4.—... que estaba fumando. Subordinada de relativo, antecedente específico. 5.—Crees que van a temer ... Sustantiva personal, constatación. 6.—Lo más probable es que en Sarawak no sepan. Sustantiva impersonal, juicio de valor. 7.—... no sepan que nos hemos reunido. Sustantiva personal, caso de excepción. 8.—A no ser que ya tengan noticia. Subordinada adverbial condicional. 9.—... preferiría que ese navío no estuviera aquí. Sustantiva personal, reacción. 10.—... no dudes que a bordo estarán todos durmiendo. Sustantiva personal, caso de excepción (imperativo negativo de verbos de lengua y actividades mentales). 11.—No quiero que queden a nuestras espaldas ... Sustantiva personal, influencia. 12.—... enemigos que podrían molestarnos. Subordinada de relativo, antecedente específico.

240. 1.—con. 2.—a. 3.—a. 4.—en. 5.—de. 6.—con (en). 7.—para (por). 8.—de. 9.—a. 10.—de (por). 11.—a. 12.—en.

241. 1.—jauría. 2.—bandada. 3.—enjambre. 4.—archipiélago. 5.—orquesta (banda). 6.—equipo. 7.—rebaño. 8.—manada. 9.—flota (escuadra: barcos de guerra). 10.—coro. 11.—viñedo. 12.—clero (orden religiosa). 13.—piara. 14.—ejército. 15.—pueblo (población). 16.—pinar. 17.—banda.

UNIDAD 44

242. 1.—me gusta. 2.—me guste. 3.—pueda. 4.—dan. 5.—estén. 6.—llegó. 7.—llegara. 8.—lo siento. 9.—pega. 10.—escapa. 11.—se cale. 12.—ha calado. 13.—llueve. 14.—vuelvo. 15.—roben.

243. 1.—quiera o no quiera. 2.—sea cuando sea. 3.—te vistas como te vistas. 4.—haga lo que haga. 5.—fuera donde fuera. 6.—fuera quien fuera. 7.—pase lo que pase. 8.—lo crea o no lo crea. 9.—caiga donde caiga.

10.—toreen como toreen. 11.—caiga quien caiga. 12.—viéramos lo que viéramos.

244. 1.—Mantente tranquilo. 2.—Me enfureció oírle ... 3.—Le alabó; habló de él muy elogiosamente. 4.—Te han criticado mucho. 5.—Se irritó mucho. 6.—Hablaron muy mal de ellos. 7.—¡Si le veo ...! 8.—Intente comprender mi situación, ¡señorita!

245. 1.—médico. 2.—farmacéutico. 3.—científico. 4.—notario. 5.—filólogo. 6.—historiador. 7.—investigador. 8.—arquitecto. 9.—pintor. 10.—economista. 11.—maestro. 12.—profesor. 13.—ingeniero. 14.—matemático. 15.—físico. 16.—lingüista. 17.—literato. 18.—psiquíatra. 19.—escultor. 20.—poeta. 21.—político. 22.—químico.

UNIDAD 45

246. 1.—Si lo hubiera sabido ... 2.—Si sacas ... 3.—Si promete usted ... 4.—Si trabajara ... 5.—Si te decides ... 6.—Si hubiera favorecido ... 7.—Si les regalas una tarta ... 8.—Si hipotecas ... 9.—Si yo estuviera en su ... 10.—Si yo estuviera en su caso ... 11.—Si no respeta ... 12.—Si no hubiera intervenido ... 13.—Si pasan ... 14.—Si estuviéramos en su situación ... 15.—Si pasas ... 16.—Si te quejas ... 17.—Si la hubiera conocido ... 18.—Si no sabe ...

247. 1.—De haber llegado antes, lo hubieras/habrías visto. 2.—De no poder mantener la boca cerrada ... 3.—De haber estado en su situación, hubiera/habría llamado. 4.—De limitarse a responder ... 5.—El médico le dijo que de probar ... 6.—El dueño le avisó que de no pagar el recibo, le cortaban/cortarían el gas. 7.—De llegar tarde otra vez ... 8.—De haber sabido ... 9.—Cuando pagó/iba a pagar ... 10.—Como no nos recibió ... 11.—Si haces «footing» ... 12.—Si seguimos así/como sigamos así ... 13.—Vi la fruta al caer/cuando caía del árbol. 14.—Recibimos un telegrama en el que/cual nos comunicaba ... 15.—Me acordé de Carmela cuando dábamos ... 16.—Cuando hubieron terminado/al haber terminado ... 17.—Aunque se trate de usted ... 18.—Al ver/como vimos ... 19.—Una vez que leímos/cuando leímos ... 20.—Como estaban/al estar agotadas por el trabajo ...

248. 1.—equilibrado. 2.—musculoso (muscular). 3.—peludo. 4.—bondadoso. 5.—doloroso. 6.—apasionado (pasional). 7.—forzudo (forzoso). 8.—satisfactorio (satisfecho). 9.—histórico. 10.—gigantesco. 11.—razonable. 12.—ambicioso. 13.—masculino. 14.—gracioso. 15.—simpático. 16.—nervioso. 17.—cerebral. 18.—ocioso. 19.—universitario. 20.—atento. 21.—exagerado. 22.—enérgico. 23.—literario. 24.—luminoso. 25.—servil. 26.—envidioso. 27.—femenino. 28.—estúpido. 29.—desesperado. 30.—febril.

UNIDAD 46

249. Las respuestas son sólo indicativas. 1.—... te encontrarías/encontrabas mejor. 2.—... tuviera ... 3.—... llámame. 4.—... llegue ... 5.—... lo haré/hago. 6.—... vengas ... 7.—... miro ... 8.—... lo conseguirás/consigues. 9.—... hubiera/habría ido. 10.—... haya leído/esté leyendo ... 11.—... le hubieras felicitado. 12.—... que te enamoraras de mí. 13.—Me iré/voy ... 14.—... hubieras invitado. 15.—... se cuidara. 16.—... dale un abrazo. 17.—Acércate aquí ... 18.—... eran ... 19.—... me lo expliquen. 20.—... disfrutes de la vida. 21.—... no sirvió para nada. 22.—... lo necesitamos.

250. Las respuestas son indicativas. 1.—... llegáramos ... 2.—... llamaron ... 3.—... te has casado. 4.—... te has mudado de piso. 5.—... lleguemos ... 6.—... dadme vuestra decisión. 7.—... suba ... 8.—... lo hubiéramos/habríamos hecho. 9.—Si lo hubiéramos sabido ... 10.—Si lo hubieran solicitado ... 11.—... trabaje más. 12.—¿... lo ha hecho? 13.—... no abriera la boca. 14.—... digas.

251. 1.—... conoció a su novia. 2.—... le dio una bofetada. 3.—... les ayude. 4.—Hizo ... 5.—... nadie les había llamado. 6.—... he podido. 7.—... perdiera la oportunidad. 8.—... sé ... 9.—... tenía mucha imaginación. 10.—... tienes cuidado. 11.—... se entere. 12.—... puedo. 13.—... eras madre. 14.—... nosotras habremos terminado la nuestra. 15.—... me ignorara. 16.—... los alumnos los entregaban.

252. Formas correctas por orden de sucesión. Salamanca; Paraguay; Sudáfrica (República Sudafricana); Granada; Burgos; Oviedo; la Mancha; Navarra; El Salvador; Tibet; Nueva Zelanda; Jordania; Checoslovaquia; Gales; Guinea; Aragón.

253. Ejercicio para comentar en clase. Consulte el diccionario.

UNIDAD 47

254. 1.—Se han estudiado los planos cuidadosamente. 2.—La novela se había escrito en sólo tres meses. 3.—La manifestación se disolvió ... 4.—El programa se ha explicado ... 5.—Este local se ha clausurado ... 6.—Aquel año se leyeron los periódicos ... 7.—Se nos ha impuesto una ... 8.—El problema de la relatividad se ha expuesto ... 9.—A don Antonio se le considera un hombre de bien ... 10.—Este edificio se construyó en ... 11.—Al ratero se le encarcelará ... 12.—Estas naranjas se habrían vendido si ... 13.—Se le multó por ... 14.—Se recibirá al ministro ...

255. 1.—Se comentaba que volvería a subir el petróleo. 2.—En toda España se lee *El País*. 3.—Se recordaba que ... 4.—Se vio que Elisa ... 5.—Se come la carne con ... 6.—Aquí se gana menos, pero se tiene más tiempo libre. 7.—En los países latinos se bebe más vino ... 8.—Se compra ... 9.—Se habla francés ... 10.—Se alquila piso ... 11.—Aquí se trabaja, se divierte uno y ... 12.—Se rumorea ... 13.—Se agradecen las ...

256. 1.—Se nos dijo a todos que ... 2.—Se le vio en Roma ... 3.—Se le ayudó todo lo que se pudo. 4.—Se les compró un piso ... 5.—A mí se me respeta ... 6.—A ellas se las quiere más ... 7.—A ti se te admira ... 8.—A él no se le tiene en cuenta ... 9.—A él se le desprecia ... 10.—A Javier y a Antonio se les recordará ... 11.—Se te esperará. 12.—Se nos dio; se puede ...

257. 1.—Dicen que aquí se cura la gripe con coñac y leche. 2.—Los pulmones se acaban con el tabaco. 3.—El público se aturde con el ruido. 4.—La ropa húmeda se secará con el sol y el aire. 5.—Todas las averías se arreglan con este chisme. 6.—Muchos problemas se solucionan con el amor. 7.—Con un buen filete y patatas fritas se calma el hambre. 8.—Con fuerza de voluntad se consigue lo imposible. 9.—Los sonidos se producen con las cuerdas vocales. 10.—La digestión se hace con el estómago y los intestinos. 11.—Se oye con los oídos y se habla con las cuerdas vocales. 12.—Se siente con el corazón y se piensa con la cabeza. 13.—Se recibe/ recibieron las buenas noticias con alegría. 14.—Se planchó la ropa con un chisme extraño.

258. Formas válidas por orden de sucesión: se han descubierto; fue fundado; se establecieron; han llegado; fueron hechas; se dice; fueron realizadas; vinieron; ha sido (es); se haya aclarado; ha puesto (pone); se restauren; se trasladen; quedarían/quedarán/queden; serían/serán.

259. Ejercicio para comentar en clase. Consulte el diccionario.

260. 1.—No te metas (en el agua; en la piscina, etc.) donde no toques el fondo con los pies. 2.—Me miró de lado (por el rabillo del ojo). 3.—Tiene mucha influencia. 4.—Es un sirvengüenza. 5.—¡A ver si gano el primer premio de la lotería!

UNIDAD 48

261. 1.—decir. 2.—curados. 3.—levantarse. 4.—emigrando. 5.—veraneando. 6.—dicho. 7.—quitarse (quitándose sin la preposición por). 8.—nevando; acabar. 9.—correr. 10.—saliendo. 11.—fumar. 12.—vuelto; casar. 13.—vendida. 14.—retirado. 15.—fascinados. 16.—criticando. 17.—entendido. 18.—decirle. 19.—consultarlo. 20.—señalar. 21.—contando. 22.—ver. 23.—dicho. 24.—comprender. 25.—buscando. 26.—insistiendo.

262. 1.—voy tirando. 2.—tienen que esperar. 3.—dio por terminada. 4.—se echó a reír. 5.—viene a costar. 6.—tenía vistos. 7.—llevaba escritos. 8.—sigue siendo. 9.—hay que decidir; debemos hacer.

263. 1.—Llevamos seis años sin probar licores. 2.—... siguen sin dar (no acaban de dar) señales de vida. 3.—Si llego a saber ... 4.—... se metió a hablar ... 5.—... llevaba una hora sin abrir la boca. 6.—... hay que saber hacerlo. 7.—... no acababan/terminaban de diagnosticar ... 8.—... ha de llegar el día ... 9.—... habrá que trabajar mucho. 10.—... últimamente a Juan le da por jugar al tenis. 11.—Quedamos en guardar el secreto. 12.—... va mejorando. 13.—... vienen apareciendo ... 14.—Sigues estudiando ... 15.—... anda burlándose ... 16.—... salió diciendo ... 17.—... acabarás por darme/dándome la razón. 18.—Llevábamos una hora sentados ... 19.—... tengo preparadas ... 20.—... traen/tienen preocupada a la opinión pública. 21.—... quedará corroborado ... 22.—... anda vestida ... 23.—¿Cuánto lleva esperándome?, llevo esperándole desde hace media hora.

264. Ejercicio para comentar en clase. Consulte el diccionario.

UNIDAD 49

265. 1.—... se puso. 2.—... se ha vuelto ... 3.—... se quedaron ... 4.—... se hizo ... 5.—... se hizo ... 6.—... se convirtió ... 7.—... te quedarás ... 8.—... se ha vuelto ... 9.—... llegó a ser ... 10.—Él se puso pálido ... 11.—... se ha hecho ... 12.—... te has vuelto ... 13.—... quedamos muy descontentos. 14.—... se convirtió en (se volvió) ... 15.—... meterse ... 16.—... se volvió ... 17.—... hacerte ... 18.—... te quedes ... 19.—... se ha vuelto ... 20.—... será/se convertirá en/llegará a ser alguien ... 21.—... te has puesto ... 22.—... se han vuelto/se han convertido en ... 23.—... se ha vuelto/ha hecho/se ha convertido en un esclavo ... 24.—... se ha vuelto ... 25.—... se ponga. 26.—... se convirtió en un vampiro. 27.—... se han convertido ...

266. 1.—se ha vuelto. 2.—quedó. 3.—se hizo. 4.—se convirtió. 5.—se ponga. 6.—se quedó. 7.—te haces. 8.—se han vuelto. 9.—se convirtió. 10.—se quedaron. 11.—se han hecho. 12.—se quedó. 13.—me quedé. 14.—se puso. 15.—se metió.

267. 1.—llegará hacia ... 2.—cuando salgas. 3.—había aproximadamente/más o menos ... 4.—nada más que/tan pronto como, etc. 5.—cuando hablaba. 6.—si lo hubiera sabido ... 7.—si le escribes ... 8.—al terminar. 9.—... sentarte. 10.—... porque comes demasiado. 11.—tengo que mantener. 12.—permitió que llegáramos. 13.—... a sus tropas que atacaran. 14.—... que le siguiera ... 15.—... le aguantaría/aguantaba yo. 16.—después de comer/cuando comió ... 17.—Debieras/tendrías que ser ... 18.—querría. 19.—... daba ... 20.—... que bajaran. 21.—si lo hubiera sabido ... 22.—si no te cuidas ... 23.—si yo fuera ... 24.—si no me caso ...

268. 1.—barra. 2.—pastilla. 3.—sobre (tubo). 4.—raja. 5.—gajo. 6.—tableta (pastilla). 7.—loncha. 8.—raja. 9.—caña. 10.—copa. 11.—racimo. 12.—ristra. 13.—lata. 14.—terrón.

UNIDAD 50

269. 1.—Tienes que enviármelo. 2.—Si te duele ..., te la debes ... 3.—Iba leyéndoselo ... 4.—Nos tenemos que ver. 5.—Les estaban ... 6.—Le tuvieron ... 7.—No le tengo que ... 8.—Le habrán dicho ... 9.—Nos lo dijo ... 10.—Nos habían ... 11.—Cómpreselo ... pensarlo. 12.—No se les dio ... 13.—Le intentaré ...

270. 1.—nos. 2.—le. 3.—me. 4.—les. 5.—te. 6.—me. 7.—le. 8.—le. 9.—le. 10.—se le. 11.—se le. 12.—se te. 13.—se me. 14.—se le. 15.—se le. 16.—se le. 17.—se me.

271. 1.—se me. 2.—se le. 3.—se me. 4.—se le. 5.—se le. 6.—se le. 7.—se le. 8.—se le. 9.—se te. 10.—se le. 11.—se les. 12.—se le.

272. 1.—padece. 2.—celebró. 3.—dar. 4.—solucionar. 5.—saco. 6.—pidió. 7.—aproveche. 8.—han tenido/tuvieron. 9.—cortará. 10.—cometido. 11.—poniendo. 12.—atracó/robó. 13.—alquilado. 14.—aterrizó. 15.—atracó. 16.—sacar.

273. 1.—Levante. 2.—India. 3.—Siria. 4.—Córdoba. 5.—Santander. 6.—León. 7.—Extremadura. 8.—República Dominicana. 9.—Mongolia. 10.—Siberia. 11.—Corea. 12.—Suecia. 13.—Normandía. 14.—Etiopía.

UNIDAD 51

274. Ejercicio para comentar en clase. Recuérdese que la diferencia entre las frases estriba en la valoración afectiva que el hablante hace de la situación. Las notas más comunes son: afecto, emoción, énfasis, preocupación, etcétera.

275. 1.—... no lo puedo comprender. 2.—... ni siquiera lo sospecha. 3.—... ya me lo imaginaba. 4.—... ya me lo habían dicho. 5.—... lo ignorábamos. 6.—... lo vieron desde el principio. 7.—... lo lamentamos mucho. 8.—... lo deseaban.

276. 1.—se (caso especial verbo ocurrirse). 2.—se (reflexivo). 3.—se (reflexivo). 4.—... 5.—se (enfático) ... 6.—se (modismo: llevarse bien o mal). 7.—se (objeto indirecto). 8.—... 9.—se (reflexivo); se (reflexivo). 10.—... 11.—se (impersonal). 12.—se (recíproco). 13.—... 14.—se (traerse: modismo). 15.—se (enfático). 16.—... 17.—se (impersonal). 18.—se (enfático); se (reflexivo). 19.—se (reflexivo) verbo de cambio. 20.—se (pasiva refleja). 21.—se (voz media). 22.—se (reflexivo); se (pasiva). 23.—se (verbo de cambio). 24.—se (impersonal); se (impersonal). 25.—...; se (caso especial: enterarse). 26.—se (pasiva refleja). 27.—se (caso especial: modismo). 28.—se (impersonal). 29.—se (pasiva refleja). 30.—...; se (pasiva refleja).

277. Ejercicio para comentar en clase.

278. Ejercicio para comentar en clase. Consulte el diccionario.

UNIDAD 52

279. 1.—oración explicativa (no es posible). 2.—no es posible. 3.—en el cual. 4.—del que/del cual. 5.—al que. 6.—cuando. 7.—no es posible. 8.—no es posible. 9.—lo que. 10.—del que/del cual. 11.—no es posible. 12.—no es posible. 13.—no es posible. 14.—no es posible. 15.—a los que/a quienes. 16.—la que/quien. 17.—quien. 18.—quien; como. 19.—cuanto. 20.—como. 21.—del que/del cual. 22.—cuando; donde. 23.—en la que.

280. 1.—a) Explicativa: los clientes en general. b) Especificativa: solo los clientes que estaban satisfechos. 2.—a) Especificativa: sólo las casas mal construidas se derrumbaron. b) Explicativa: todas las casas se derrumbaron. 3.—a) Explicativa: los jugadores en general. b) Especificativa: sólo a los jugadores que habían jugado mal no les abonaron las primas.

281. 1.—en que (en el que). 2.—en que (en el que; en el cual). 3.—en que (en el cual, en el que). 4.—por el que (por el cual). 5.—a la que (a la cual).

6.—desde el que (desde el cual). 7.—al que (al cual). 8.—en que (en la que; en la cual).

282. 1.—con las que. 2.—de quien (del que). 3.—por la que (por la cual). 4.—cuando. 5.—donde. 6.—por lo que. 7.—desde donde. 8.—como. 9.—sin lo que. 10.—para lo que.

283. Ejercicio para comentar en clase.

284. Ejercicio para comentar en clase. Consulte el diccionario.

UNIDAD 53

285. 1.—... veintiuno ... de mil novecientos sesenta y seis. 2.—... de nueve a una treinta (una y media) y de cinco treinta (cinco y media) a siete quince (siete y cuarto). 3.—... ochenta. Teléfono: cuatro, treinta y seis, cuarenta y uno, ochenta y nueve. 4.—El billón español es un millón de millones. 5.—... veinte y veintiuno ... dos quintos. 6.—... setecientas cincuenta mil pesetas. 7.—... cinco al treinta y uno ... 8.—... más ocho (ocho grados sobre cero) a las dieciocho (seis) ... Mínima: más cero coma cuatro (cuatro décimas de grado) a las cuatro. 9.—Hoy es martes y trece ... son quinientos veinticinco millones ... en Alcalá dieciocho. 10.—... el cero noventa y uno ... el cero noventa y tres ... el cero, cero, dos. 11.—Dos tercios (dos terceras partes) ... tercio (la tercera parte) ... 12.—... un cuarto (la cuarta parte) ... 13.—Carlos primero ... y quinto ... 14.—Juan veintitrés ... 15.—Luis catorce ... 16.—siglo veintiuno. 17.—... sesenta chalets ... precio doce millones novecientas mil o trece millones novecientas mil. Hipoteca al trece por cien (por ciento) durante doce años. Entrada, dos millones quinientas mil. Teléfono ocho, noventa, setenta, cincuenta y uno.

286. 1.—mil; cien; quinientos; diez; cinco; uno; cuatro; cincuenta; mil setecientos tres; novecientos; noventa; trece; mil novecientos setenta y nueve; mil novecientos noventa.

287. veinticinco más siete más seis son treinta y ocho; treinta y cinco menos siete son veintiocho; seis por siete son cuarenta y dos; ocho por ocho son sesenta y cuatro; diez dividido por (entre) dos son cinco; cincuenta dividido por diez (entre diez) son cinco.

288. 1.—de ... 2.—de ... 3.—a ... 4.—a ... 5.—a ... 6.—a ... 7.—a ... 8.—a ... 9.—a ... 10.—de ... 11.—de ... 12.—a ... 13.—en ... 14.—en ...

289. Ejercicio para comentar en clase. Consulte el diccionario.

UNIDAD 54

290. 1.—cualquiera. 2.—alguien. 3.—algo. 4.—nadie. 5.—cualquiera. 6.—nada de nada. 7.—ninguno. 8.—a ningún. 9.—un. 10.—un. 11.—mucho. 12.—quienquiera. 13.—cualquier. 14.—ninguno. 15.—ninguno.

291. 1.—medio. 2.—todos. 3.—muchos. 4.—medio. 5.—tal. 6.—todo. 7.—ciertos. 8.—tal. 9.—semejante. 10.—ambos. 11.—tales. 12.—ciertas. 13.—cierta ... muchos ... 14.—cierto.

292. 1.—el (la). 2.—la. 3.—el. 4.—el (la). 5.—los. 6.—el. 7.—el. 8.—el. 9.—la. 10.—la. 11.—el (la). 12.—la. 13.—el. 14.—el. 15.—el. 16.—el. 17.—la. 18.—la. 19.—el. 20.—el. 21.—la. 22.—el (la). 23.—las. 24.—el. 25.—el. 26.—el. 27.—la. 28.—la. 29.—la. 30.—la. 31.—el. 32.—el. 33.—el. 34.—el. 35.—el. 36.—el.

293. 1.—cualesquiera. 2.—telarañas. 3.—bocacalles. 4.—rompeolas. 5.—mediodías. 6.—sacacorchos. 7.—saltamontes. 8.—pararrayos. 9.—hispanoamericanos. 10.—paraguas. 11.—paniaguados. 12.—contraalmirantes. 13.—rompecabezas. 14.—abrelatas.

294. 1.—casas cuna. 2.—autoservicios. 3.—coches cama. 4.—buques escuela. 5.—hombres rana. 6.—autoescuelas. 7.—perros policía. 8.—guardacoches. 9.—aguafiestas. 10.—extrarradios. 11.—medio ambiente. 12.—guardaespaldas.

295. Ejercicio para comentar en clase. Consulte el diccionario.

UNIDAD 55

296. 1.—lo. 2.—lo; la; los; 3.—lo. 4.—el. 5.—lo. 6.—el; el. 7.—lo. 8.—lo. 9.—lo. 10.—el. 11.—lo. 12.—el. 13.—lo; lo. 14.—lo. 15.—lo. 16.—lo.

297. 1.—... 2.—..., un. 3.—el. 4.—el, las. 5.—un, el. 6.—las. 7.—la. 8.—el, ... 9.—la, la los. 10.—la, una, el, la. 11.—un, el. 12.—el, ... 13.—... 14.—... 15.—el.

298. 1.—a. 2.—a. 3.—de. 4.—con. 5.—a. 6.—a. 7.—a. 8.—en. 9.—a. 10.—a. 11.—a. 12.—de. 13.—a.

299. Ejercicio para comentar en clase. Consulte el diccionario.

UNIDAD 56

300. 1.—dichoso individuo. 2.—gente dichosa. 3.—menudo sinvergüenza. 4.—cuerpo menudo. 5.—santo día. 6.—Jueves Santo. 7.—agua bendita. 8.—bendita hora. 9.—gesto valiente. 10.—valiente soldado. 11.—bonito plantón. 12.—cara bonita.

301. Ejercicio para comentar en clase. Recuérdese que los sufijos en español rara vez expresan tamaño o medida, sino emociones, valoraciones subjetivas tales como: afecto, timidez, desprecio, preocupación, etc.

302. Formas válidas por orden de sucesión: investigaciones actuales; corrientes eléctricas; importante ventaja (ventaja importante); ordenadores convencionales; mayor seguridad; circunstancias adversas; grandes variaciones; vehículos espaciales.

303. Ejercicio para comentar en clase.

304. 1.—morder. 2.—deliberar. 3.—repercutir. 4.—persuadir. 5.—entrometerse. 6.—incidir. 7.—razonar. 8.—discutir. 9.—predominar. 10.—chocar. 11.—aterrizar. 12.—encadenar. 13.—entonar. 14.—acentuar.

UNIDAD 57

305. 1.—de los que. 2.—de lo que. 3.—del que. 4.—de la que. 5.—de los que. 6.—que el que. 7.—de lo/la que. 8.—de lo que. 9.—del que. 10.—que la que. 11.—de las que. 12.—de las que. 13.—que los que. 14.—de las que. 15.—de los que. 16.—del que. 17.—cuanto. 18.—cuanto. 19.—tanto. 20.—antes. 21.—cuanto. 22.—como. 23.—cuanto. 24.—tanto.

306. 1.—ni. 2.—tan. 3.—tanto. 4.—que. 5.—que. 6.—menos. 7.—sino. 8.—ni, ni. 9.—ni, tan. 10.—tantos.

307. Ejercicio para comentar en clase. Más de = límite máximo; más que = solamente. Ejemplo: *No gana más de cinco mil pesetas* = puede ganar menos de cinco mil/cinco mil es la cantidad máxima que puede ganar. *No gana más que* cinco mil pesetas = sólo gana cinco mil pesetas.

308. Ejercicio para comentar en clase. Consulte el diccionario.

309. 1.—No sabe hacer nada (es absolutamente inútil). 2.—Te engaña con otra persona (te es infiel). 3.—Has dormido más de lo esperado. 4.—Le dieron una bofetada. 5.—No dormí absolutamente nada.

UNIDAD 58

310. 1.—por. 2.—para (por culpa de). 3.—para (por). 4.—por; por. 5.—por. 6.—por. 7.—por. 8.—para. 9.—por. 10.—por. 11.—para. 12.—por. 13.—por. 14.—por. 15.—por. 16.—para. 17.—por. 18.—por. 19.—por. 20.—por. 21.—por/para. 22.—para. 23.—para. 24.—para. 25.—por.

311. 1.—para. 2.—por. 3.—para. 4.—por. 5.—por. 6.—por. 7.—por. 8.—por. 9.—por. 10.—para. 11.—para. 12.—por. 13.—por. 14.—por. 15.—para. 16.—por. 17.—por. 18.—para. 19.—por. 20.—por. 21.—por.

312. 1.—hoy por hoy. 2.—por lo visto. 3.—por fortuna. 4.—por cierto. 5.—por encima. 6.—cada dos por tres. 7.—para colmo de males. 8.—por hoy. 9.—por lo menos. 10.—por poco. 11.—por siempre jamás. 12.—por más (mucho) que. 13.—por fin. 14.—por lo general.

313. Ejercicio para comentar en clase. Consulte el diccionario.

UNIDAD 59

314. 1.—en. 2.—de/sobre. 3.—antes de; para. 4.—alrededor de. 5.—sobre. 6.—encima de. 7.—alrededor de. 8.—en. 9.—por. 10.—sobre/encima de. 11.—sobre/encima de. 12.—alrededor de; en. 13.—en. 14.—en. 15.—alrededor de. 16.—sobre/encima de. 17.—por; en. 18.—sobre/encima de; en. 19.—lejos de; cerca de. 20.—lejos de. 21.—sobre. 22.—cerca de. 23.—tras. 24.—tras/detrás de. 25.—sobre/encima de; en. 26.—tras.

315. 1.—a. 2.—a. 3.—a. 4.—con. 5.—de. 6.—de. 7.—de. 8.—de. 9.—a. 10.—a. 11.—a. 12.—de. 13.—en. 14.—con.

316. 1.—presentó. 2.—echó. 3.—hecho. 4.—tocar. 5.—cumple. 6.—dar. 7.—naufragó. 8.—cortarse. 9.—quitó. 10.—tomado. 11.—mudado (cambiado). 12.—estrelló. 13.—hacer. 14.—florecen. 15.—solicitaron. 16.—encargado. 17.—apaga. 18.—pon.

317. 1.—No se responsabiliza ni asume la autoría de sus acciones. 2.—Está maquinando, preparando algo en secreto. 3.—No tiene sentido, lógica. 4.—Huyó en el último momento. 5.—Creyó lo que le dijeron sin dudarlo. 6.—Me resultó carísimo. 7.—Está en una situación muy difícil; en graves apuros. 8.—Echarlo a suertes con una moneda al aire.

318. 1.—anual. 2.—sensato. 3.—veraniego. 4.—primaveral. 5.—deportivo. 6.—temido (temeroso). 7.—sensible. 8.—cómodo. 9.—crítico. 10.—perezoso.

11.—sutil. 12.—profético. 13.—individual. 14.—monárquico. 15.—práctico. 16.—anárquico.

UNIDAD 60

319. 1.—a, en. 2.—en, por. 3.—a. 4.—al. 5.—ante. 6.—bajo. 7.—de, con, a. 8.—con. 9.—en. 10.—a. 11.—contra. 12.—de, a. 13.—desde. 14.—en. 15.—entre. 16.—a. 17.—hasta. 18.—para (a, hacia). 19.—por. 20.—según, de. 21.—sin, en. 22.—ante. 23.—tras. 24.—dentro de. 25.—frente a. 26.—delante de.

320. 1.—a. 2.—debajo de (bajo). 3.—a. 4.—por; de. 5.—a. 6.—ante. 7.—de; adentro. 8.—bajo. 9.—por entre. 10.—con. 11.—por. 12.—contra. 13.—hacia delante (atrás). 14.—para con; para. 15.—de; en. 16.—en, (a), de; junto a. 17.—de (desde); a (hasta). 18.—para; por. 19.—por encima de. 20.—por debajo de. 21.—a.

321. 1.—esperanza. 2.—tristeza. 3.—maldad. 4.—mentira. 5.—superficialidad. 6.—riqueza. 7.—ocio. 8.—negación. 9.—humildad. 10.—salud. 11.—imperfección. 12.—injusticia. 13.—abundancia. 14.—fealdad. 15.—odio. 16.—oscuridad. 17.—duda. 18.—compañía. 19.—magnanimidad (generosidad). 20.—debilidad. 21.—atrevimiento (descaro, osadía). 22.—falsedad. 23.—sombra, tinieblas, oscuridad. 24.—epílogo. 25.—acierto. 26.—descortesía. 27.—ignorancia. 28.—pesimismo.

322. 1.—Siempre le están halagando (adulando). 2.—Es muy listo. 3.—¿Qué tal, amigo? 4.—No dormí en toda la noche. 5.—Tienes un lápiz disponible. 6.—Explicaré mis planes con espontaneidad y sin preparación previa. 7.—No creas que tus deseos se pueden convertir en realidad. 8.—¡Adiós, buenos días! 9.—Cuidado con el tráfico.

UNIDAD 61

323. 1.—bajo. 2.—abajo (debajo). 3.—debajo. 4.—abajo. 5.—bajo. 6.—bajo. 7.—abajo. 8.—debajo. 9.—bajo. 10.—bajo. 11.—abajo.

324. 1.—atrás (lejos). 2.—delante, detrás. 3.—antes, después. 4.—delante, detrás. 5.—delante, atrás. 6.—antes. 7.—alrededor. 8.—encima. 9.—lejos. 10.—cerca. 11.—detrás. 12.—antes. 13.—encima. 14.—detrás.

325. 1.—aún. 2.—todavía (aún). 3.—todavía (aún). 4.—ya. 5.—aún (todavía). 6.—ya. 7.—ya. 8.—ya. 9.—ya, todavía, aún. 10.—todavía (aún).

326. 1.—luego (después). 2.—luego, después (luego). 3.—entonces. 4.—luego (después). 5.—entonces. 6.—luego. 7.—entonces. 8.—entonces.

327. Ejercicio para comentar en clase. Consulte el diccionario.

UNIDAD 62

328. 1.—cuanto. 2.—cuanto. 3.—como (según). 4.—como. 5.—según. 6.—según. 7.—según. 8.—cuanto. 9.—donde. 10.—donde. 11.—cuando. 12.—cuando. 13.—cuando. 14.—como. 15.—según. 16.—cuanto. 17.—como. 18.—cuando.

329. 1.—pero. 2.—si no. 3.—sino. 4.—si no. 5.—pero. 6.—pero. 7.—pero. 8.—si no. 9.—si no. 10.—si no. 11.—sino. 12.—sino.

330. 1.—como (puesto que, ya que). 2.—porque (puesto que, ya que). 3.—mientras. 4.—mientras. 5.—como (puesto que, ya que). 6.—pues. 7.—pues. 8.—porque. 9.—porque (puesto que, ya que). 10.—como. 11.—mientras. 12.—como. 13.—mientras. 14.—como.

331. 1.—por poco que. 2.—aún cuando (y eso que). 3.—aún cuando (así). 4.—aún cuando. 5.—aún cuando, (por mucho que). 6.—por mucho (más que). 7.—si bien (aún cuando). 8.—aún cuando.

332. Ejercicio para comentar en clase. Consulte el diccionario.

UNIDAD 63

333. 1.—atraco = robo a mano armada. 2.—Guía del ocio = publicación semanal dedicada a espectáculos, diversiones, etc. 3.—homenaje = fiesta o celebración para conmemorar algo o a alguien. 4.—timo de la estampita y el tocomocho = engaños con intención de estafar a alguien muy popularizados en España, sobre todo en Madrid. 5.—cine de sesión continua = las representaciones son seguidas. De estreno = se exhiben películas por primera vez y tienen distintos pases o sesiones a horas fijas. 6.—anuncios por palabras = sección de un periódico donde se puede anunciar lo que se quiera pagando por el número de palabras. 7.—servicio doméstico = la servidumbre, los criados. 8.—inauguración = apertura oficial. Establecimiento = local comercial. 9.—lesionado = herido. Domiciliado = que habita, vive en. 10.—horas extraordinarias = horas en que se trabaja fuera de las horas reglamentarias. 11.—aparatoso accidente = accidente muy espectacular. 12.—jefe de personal = jefe de todos los empleados. Estafa = robo con artificio o engaño. 13.—el fallo = decisión final tomada por un jurado. 14.—el fallecimiento le sobrevino por una sobredosis = la muerte fue ocasionada por haber tomado, inyectado, etc., droga en exceso. 15.—hipotecas = derecho real que grava bienes y muebles obligando a responder del cumplimiento de su pago o deuda. Embargo = secuestro de bienes por mandamiento de juez o autoridad competente. 16.—deducciones para la declaración de hacienda = dinero que el contribuyente puede deducir anualmente de su declaración a la Hacienda pública (sistema fiscal).

334. 1.—herido de pronóstico reservado = fórmula médica que indica un aplazamiento de diagnóstico. 2.—traspasar = ceder a otro un establecimiento comercial mediante pago. 3.—se celebrará el enlace = la boda tendrá lugar. 4.—se alojará. 5.—perecer atropellado = morir atropellado por un vehículo. 6.—ecos de sociedad = noticias de la alta sociedad. Apertura = inauguración. 7.—esquela mortuoria = recuadro en un periódico donde se anuncia la defunción (fallecimiento, muerte) de una persona. 8.—robo = acción de apropiarse de lo ajeno. 9.—artículo de fondo = artículo de más relieve en el periódico. Terrorismo = dominación por el temor. Mafia del narcotráfico = organización clandestina de criminales dedicada al tráfico de drogas. 10.—autodeterminación = decisión de los pobladores de una unidad territorial acerca de su futuro estatuto político. 11.—falleció en la Ciudad Condal = murió en Barcelona. 12.—legalizar el multipartidismo = conceder (dar) estado legal a los partidos políticos = instaurar la democracia. 13.—tráfico de influencias = comercio inmoral e ilegal realizado por un funcionario público con fines económicos, políticos, etc., transfuguismo = cambio de partido realizado por un político. 14.—revista del corazón = publicación periódica dedicada a los chismes y andanzas de la denominada «alta sociedad». Caso flagrante de «linchamiento moral» = caso notorio de juicio moral sobre una persona que destruye su reputación. 15.—I.V.A. = impuesto europeo sobre el valor añadido. 16.—Hacienda = organismo estatal encargado del dinero público. Tribunal Supremo = máximo organismo legal de un país. Delito fiscal = delito contra la hacienda pública. 17.—violación de los derechos humanos = transgresión de los derechos del hombre.

335. 1.—asegurar. 2.—burlarse (de). 3.—doler. 4.—cojear. 5.—comprometerse. 6.—incluir. 7.—argumentar. 8.—fusilar. 9.—barajar. 10.—escalonar. 11.— archivar. 12.—embalsar. 13.—amontonar. 14.—hipotecar.

336. Ejercicio para comentar en clase. Consulte el diccionario.

337. Lectura por orden de sucesión: Sociedad Anónima; Transworld Airlines; Organización Naciones Unidas; antes de Jesucristo; don; doña; derecha; documento nacional de identidad; Estados Unidos de América; Federal

Bureau of Investigation; Mercado Común; gramo; gramos; kilogramo (quilogramo); kilómetro (quilómetro); Organización Tratado Atlántico Norte; Organización Nacional de Ciegos Españoles; página; ejemplo; Partido Socialista Obrero Español; Partido Popular; Precio de venta al público; Red Nacional Ferrocarriles Españoles; Señorita; Señores; Señor; Televisión Española; Usted; Ustedes; Unión de Repúblicas Socialistas Soviéticas; United States of America; Visto bueno; Water Closet; Síndrome de Inmunodeficiencia Adquirida; Impuesto sobre el Valor Añadido; Euzkadi ta Azkatasuna; Impuesto sobre la Renta de las Personas Físicas; Comunidad Económica Europea.

índice

CURSO INTENSIVO DE ESPAÑOL

Gramática (Fernández, Fente, Siles). Madrid, 1990. (Nueva edición) 272 páginas.

EJERCICIOS PRÁCTICOS

Niveles de **iniciación** y elemental (Fernández, Fente, Siles). Madrid, 1990. (Edición renovada) 264 páginas.

Clave y guía didáctica.

Niveles elemental e **intermedio** (Fernández, Fente, Siles). Madrid, 1990. (Edición renovada) 256 páginas.

Clave y guía didáctica.

Niveles intermedio y **superior** (Fernández, Fente, Siles). Madrid, 1990. (Edición renovada) 288 páginas.

Clave y guía didáctica.